돈은 좋지만 재테크는 겁나는 너에게

돈은 좋지만 ———— 재테크는 겁나는 너에게

돈을 다루고 불리는 비밀

혼자서는 막막한 20대에게 뽕글이가 알려주는 돈을 다루고 불리는 비밀

뽕글이 지음

BM 황금부엉이

코로나 이후 시장에 돈이 많이 풀리면서 많은 이들이 재테크에 관심을 두기 시작했습니다. 누구는 코인으로 엄청난 돈을 벌었으며, 누구는 주식이나 부동산으로 엄청난 이익을 얻었습니다. 아, 비트코인·NFT·지분투자 등 여러 새로운 수단들도 있었네요.

모든 시장이 하락세를 겪고 있는 지금은 과거에 큰 수익을 냈던 분들이 손실을 보고 있습니다. 아니 정확히는, 일확천금을 얻고자 잘 모르는 채로 주식, 부동산, 코인 등에 무지성 투자를 했던 분들이 어려움을 겪고 있습니다. 이들은 왜 무지성 투자를 했을까요? 기본 지식이 쌓이지 않은 상태인데, 내 주위에서 다 수익을 내고 있으니 마음이

급해졌을 거라고 짐작합니다.

유튜브 같은 SNS 채널도 마찬가지입니다. 한참 '재테크' 붐이 불면서 재테크를 주제로 한 SNS 채널 또한 성장했습니다. 하지만 많은 이들이 이를 악용하고 있습니다. 얼른 구독자를 모아서 남들과는 다르다는 본인만의 유료 강의를 만들고, 잘 모르는 사회초년생을 타깃 삼아 빨리 재테크를 시작해야 한다며 공격적인 투자를 부추깁니다. 그렇게 타깃이 된 초보자들은 잘 모르는 채로 투자에 나서게 되고, 결국엔 하락장을 겪으면서 큰 손실을 보고 있습니다. 하지만 이 와중에도 손실을 보지 않는 사람이 있습니다. 바로 엄청난 강의비를 통해 이득을 보고 있는 인플루언서입니다.

이게 재테크를 미리미리 공부해야 하는 이유입니다.

첫째, 상승장에는 투자하지 않는 사람이 없습니다. 그러다 보니 잘 모르는 나도 조급한 마음에 뛰어들 수밖에 없고, 하락장을 맞아 큰돈을 잃게 됩니다.

둘째, 세상엔 사기꾼이 너무나도 많습니다. 요즘엔 대놓고 사기꾼은 없습니다. '나만의 인플루언서'라고 생각했던 인플루언서도 일확천금의 기회 앞에서는 대부분 사기꾼이 됩니다. 그런데 다행히도 이 저자는 그런 인물이 아닙니다. 그래서 맘 편히 추천사를 쓰고 있습니다.

제가 사회초년생이었을 때는 적당히 좋은 회사에 들

어가서 노력만 하면 나중에 결혼도 하고, 집도 사고 행복하게 사는 줄 알았습니다. 하지만 세상은 호락호락하지 않더라고요. 저는 감사하게도 입사하자마자 저보다 한참 나이 많은 선배가 주택청약부터 신용카드, 주식 등을 옆에서 많이 알려주었습니다. 절약도 좋지만, 그보다는 네 돈을 스스로 지키고 불릴 수 있어야 한다고요. 절약만으로는 절대 집을 살 수 없고, 부자도 될 수 없다고요.

여러분처럼 저도 그때는 '내가 집을 산다고? 말도 안돼'라며 선배의 말을 대수롭지 않게 넘겼습니다. 하지만 결국 저는 입사 동기 중 가장 빨리, 안정적으로 내 집을 마련했습니다. 그것도 큰 대출 없이요.

절약, 저축, 투자를 공부해도 당장은 큰 성과가 보이지 않을 겁니다. 하지만 이 기본 지식이 천천히 쌓이다 보면 어느새 주변을 보며 조급해하지 않을 수 있고, 사기꾼 또한 분별할 힘이 생길 거라고 제가 장담합니다.

이 책의 저자인 뽕글이 님은 행복하기 위해 재테크를 한다고 했는데, 요즘 결혼 준비에 한창인 저에게는 굉장히 공감되는 말입니다. 결혼은 정말 큰돈이 드는 행사입니다. 크게는 예식장, 신혼집, 전자제품, 가구, 신혼여행을 준비해야 하죠. 허례허식 없이 정말 친한 지인만 초대한다고 가정해도 서울 기준으로 '예식장'에만 최소 2천만 원이 필요합니다. 여기에 집, 전자제품, 신혼여행을 추가하면 그 비용은 엄청나게 불어나지요. 다행인 것은, 20대 초반부터 재테크를 공부한 저는 현재 여윳돈이 있고, 비용에도 큰 부담이 없는 정도가 되었다는 것입니다. 여러 웨딩 커뮤니티에서 결혼 준비 중 비용 및 자산 문제로 많은 예비부부가 파혼하는 것을 목격했습니다. 둘이 사랑해서 결혼한다고 생각했는데, 현실은 돈이 없으면 결혼도 행복도 지키기가 어려운 모양입니다.

저자도 말했지만, 재테크는 결혼, 내 집 마련 등 특정 상황을 위해 하는 것이 아닙니다. 결국 내가 이 사회에서 안전하게 살아가기 위해서, 그리고 행복을 위해서 기본적으로 쌓아 놓아야 하는 기본 지식입니다. 이 지식이 쌓여 있어야 특정 상황이 발생하더라도 큰 문제 없이 행복하게 살아갈 수 있다고 생각합니다. 그래서 재테크는 곧 우리의 자존감입니다.

이 책은 '무조건 아껴라' '무지출 챌린지를 해야 한다' 같은 진부한 말보단, 현명하게 소비하는 방법과 경제 지식 그리고 투자 공부 방법에 대해 쉽게 알려줍니다. 어린 저에게 큰 가르침을 주었던 제 회사 선배처럼 이 책이 여러분에게 선한 길잡이가 될 것입니다. 이 책을 통해 단순한 돈이 아닌 단단한 자존감과 인생의 행복을 찾게 되길 바랍니다.

- 20만 재테크 채널, '시골쥐의 도시생활' 채널 운영자

프롤로그

재테크는 숙제가 아닌데 왜 숙제처럼 하지?

불과 얼마 전 우리는 투자하기만 하면 크고 작은 수익을 맛볼 수 있던 시장을 생생하게 경험했어요. 너도나도 갑자기 주식 계좌를 개설해서 유망 종목에 투자하던 시기가 있었죠. 근데 한순간에 시장 분위기가 변했고, 아마 많은 사람이 혼란스러운 시기를 보내고 있을 거예요. 저도 많이 놀랐는데요. 쏟아지던 각종 투자 추천 이야기도 갑자기 쏙 들어갔더라고요.

그런데 이 지점에서 이런 생각이 들어요. '모든 소음이 다 사라진 지금이 제대로 된 첫 단추를 끼우기에 가장 적합한 시기 아닐까?' 과거에는 주식이 돈이 된다는 이야기를 듣고 헐레벌떡 투자부터 했다면, 이제는 좀 더 탄탄하게 돈이 왜 필요한지도 생각해 보고, 시드도 건강하게 마련해 놓자는 거죠.

언제부턴가 재테크는 '힘들고 극단적인 절약을 해야 하는 것'으로 사람들의 머릿속에 박힌 것 같아요. 그래서인지 다양한 사람들을 봐왔어요. "그거 힘들다며? 나는 자신 없어. 나중에 제대로 할래"라고 미루는 사람부터 "나 재테크한다. 무지출 챌린지 3일째"라며 목적 없이 무작정 절약부터 하는 사람까지 다양했는데요. 볼 때마다 참 아쉽다는 생각이 들었어요.

재테크는 숙제가 아니거든요. 그저 행복한 삶을 위해 필요한 과정이고, 그 과정을 즐겁게 하는 방법 역시 존재해요. 그걸 어떻게 장담하느냐고요? 바로 제가 그렇게 재테크를 해왔기 때문이죠! 월급 161만 원에서 시작해 25살에 아파트를 매수하기까지 힘들었던 경험보다는 즐거웠던 게 훨씬 많아요.

우리는 재미있는 연애 프로그램이나 드라마가 나오면 매주 꼬박꼬박 챙겨봐요. 심지어 어떨 때는 유튜브 클립에 다른 사람들이 쓴 댓글까지 찾아보죠. 누가 꼭 보라고 채찍 들고 서 있는 것도 아닌데 말이에요. 그게 가능한 이유는 뭘까요? 바로 '재미'예요. 보면 재미있으니까요! 옆에서 강요하지 않는데도 그걸 꾸준히 하려면 우선 본인이 재미있게 느껴야 하고, 재테크도 마찬가지예요.

"재테크를 하세요. 저는 얼마를 모았습니다."

이런 말을 듣는 순간 반짝하며 '나도 돈을 모아야지' 라고 생각하지만, 그렇게 생긴 관심이 금방 사라졌던 경험은 누구나 한 번쯤 있을 거예요. 이유는 다양해요. 내게 왜 필요한지, 생긴 관심을 어떻게 오래 유지할 수 있는지 모를 수도 있고요. 주변 환경이 원인일 수도 있어요.

자주 만나는 친구들과의 대화에는 어떤 이야기가 오고 가나요? '와, 나도 이렇게 살아봐야지'라는 생각이 들게 만드는 사람이 많나요? 아니면 그동안 쌓였던 상사 욕, 인생 하소연이 대화의 50% 이상인 사람이 많나요? 뭐가 됐든 한 가지 분명한 건, 여러분의 삶을 바꾸고 싶다면 평소에 자주 듣는 말을 바꿔야 한다는 거예요. 내가 바꾸고 싶은 것과 관련된 주제의 대화로요. 만약 재테크를 한다면, 재테크에 대한 의지가 약해질 때마다 의지를 끌어올릴 수 있는 말을 해주는 주변인을 두는 게 좋은 거죠. 하지만 그런 사람이 없어도 괜찮아요. 지금부터 이 책과 제가 그 역할을 해줄 거니까요. 저도 의지가 약해질 때 재테크 책을 얼마나 많이 꺼내 들었는지 몰라요.

어린 나이부터 돈을 모아야겠다는 확고한 의지가 있어서 그런지 친구들이 한참 술 마시러 다닐 때 술자리 대신 재테크 책을 열심히 읽었어요. 술자리에 참석하지 않은 건 돈 때문만은 아니에요. 원래 술을 좋아하지 않기도 하고, 시끄러운 술자리가 영 즐겁지 않았거든요. 친구들이 한참 술 마실 때 함께 마시지 않으니까 자연스럽게 친구들과의 시간도 줄어들게 됐던 건 사실이에요. 그런데 지금은 오히려 더 좋은 관계를 유지하고 있어요.

시간이 지나면 하나둘 사회생활을 시작하게 되고, 그에 따라 친구들의 관심사도 술과 연애에서 현실적인 이야기로 바뀌거든요. 그즈음, 그동안 혼자 조용히 노력해 왔던 게 결과로 나타나고, 이제 막 재테크에 관심을 두기 시작한 주변인들은 제게 조언을 구하더라고요. 그럼 그때 저는 도움을 줄 수 있는 거죠. 관심사가 비슷해지니까 할 이야기도 다시 많아지고요.

또, 재테크에 관심 있는 다른 사람들이 새로운 지인이 되기도 해요. 처음에는 조금 외로울 수 있지만 강연을 듣다가 만난 옆자리 또래, 스터디에서 만난 사람 등 같은 목표를 갖고 함께 시너지를 낼 수 있는 좋은 인연이 생기더라고요. 저 역시 재테크를 하면서 존경할 만한 좋은 지인들을 많이 곁에 두게 되었답니다.

재테크 입문의 다음 허들은 '재테크는 어렵다'라는 거겠죠? 당연히 그렇게 느낄 수 있어요. 걸음마를 시작했던 시절을 떠올려 보세요. 아기가 두 발로 걷기 시작하면 가족들은 대견하다며 온갖 갈채와 격려를 보내요. 근데 지금은 두 발로 걸어 다니는 게 너무 당연하죠? 재테크도 똑같아요. 하기 전에는 어렵고 두렵지만 얼마 뒤에는 당연한 게돼요. 습관이 되는 거죠.

저는 재테크를 숙제가 아닌 흥미로운 습관으로 만들어줄 거예요. 이 책을 읽으면 매일 밤에 가계부를 쓰는 것, 어딘가 놀러 갈 때 그 주변의 집값도 같이 검색하는 것 등이 당연한 습관이 될 거예요. 습관이 될 수 있는 이유는 '시간이 오래 걸리지 않는다는 것'이에요. 한 번 할 때 오래 걸리면 하기 싫어지잖아요. 그래서 굳이 복잡하게 하지 않아도 되는 건 과감하게 쳐내고 알려줄게요. 또래답게 다른 재테크 책에는 없는 새로운 사이트들을 활용한 지름길도 준비했답니다.

재테크 입문의 마지막 허들은 '돈 아끼는 게 힘들 것 같다'일 거예요. 극단적인 절약, 예를 들어 식사가 중요한 사람에게 월 식비를 30,000원으로 줄이라는 말 같은 건 절대 하지 않아요. 식비, 쇼핑비 등에 월 몇 퍼센트씩만 쓰라고 정하지도 않아요. 그건 사람마다 다 달라야 하거든요. 제가 어떻게 했고, 여러분은 어떻게 하면 좋은지 각자만의 답을 찾을 방법을 안내할 거랍니다. 시드머니를 모으는 시기는 가장 끔찍한 시기가 아니라, 자신과 가장 친해지는 시기로 기억될 거예요. 시드머니를 모으고 나서는 어떻게 해야 하는지까지 단계별로 팁을 많이 남겨두었어요.

책을 쓰면서 꼭 전하고 싶은 여러 방법과 생각들을 어떻게 하면 가장 효과적으로 전달할 수 있을지 많이 고민했어요. 이 이야기들만큼은 재생해 두면 시간의 흐름에 따라 그저 흘러가는 동영상이 아니라, 하나의 문장을 읽어야만 다음 문장으로 넘어가는 책이라는 매체를 통해 집중된 상태로 공유하고 싶었어요.

여러분들이 뭘 생각하든 그것보다 어렵지 않습니다. 군더더기 없이 여러분에게 딱 필요한 것들만 깔끔하게 이야기할게요. 자, 똑똑하게 재테크를 시작할 준비됐나요?

목차

PART 1

재테크의 문을 두드리다

PART 2

저축에 속도를 붙여줄 소비 줄이는 노하우

아직 늦지 않았어요.
이걸 보고 있는 지금이 바로
재테크를 알 수 있는 가장 좋은 때랍니다.

재테크의

PART

1

문을
두드리다

행복한 어른이 되고 싶어서 시작한 재테크

사람마다 재테크를 시작하게 되는 계기는 꼭 있어요. 그냥 '부자가 되고 싶어서' 재테크를 시작하는 사람은 극히 드물 텐데요. 살다 보면 재테크는 우리 삶에 필수적이라는 생각을 하게 되는 때가 찾아오더라고요. 그 생각을 빨리하면 빨리할수록 조금 덜 돌아갈 수 있어서 좋아요.

아마 이 책을 직접 펼친 여러분이라면 이미 그걸 깨닫고 고민 중일 수도 있겠죠? 물론 아직 필요성을 못 느꼈더라도 괜찮아요. 이 장을 읽으면서 '정말 재테크는 나와 상관없어도 될까?'라고 생각해 봤으면 좋겠어요. 스스로 시작하겠다는 생각이 들지 않으면 제가 준비한 이야기를 100% 다 흡수하기가 어려울 거거든요.

고3 때는 어른에 대한 로망으로 가득하던 시기였어요. 그래서 '나는 어떤 어른이 되어야 할까?'에 대한 고민을 참 많이 했는데요. 많은 책을 읽으면서 저만의 답을 찾고자 나름 노력했고, 그렇게 최종적으로 제가 되고 싶은 어른은 '행복한 어른'이었어요. 행복하게 살고 싶다고 생각하니 자연스럽게 '그럼 내 행복을 챙기려면 뭐가 필요하지?'라는 질문으로 이어지더군요. 필요한 것들을 다 떠올려 봤던 것 같아요.

일단 건강해야겠죠? '어릴 때부터 건강을 잘 챙겨야겠다. 이건 뭐 운동하면 되는 거지!' 크게 고민할 게 없었어요. 그럼 다음! '29살 정도에는 결혼하고 싶다. 근데 결혼하려면 집이 필요하잖아? 가전도 필요하겠네? 스드메, 예식홀, 신혼여행비? 이게 다 얼마야.' 얼마인지는 정확히 몰라도 결혼하려면 어마어마한 돈이 필요하다는 건 알 수 있었죠.

실제로 웨딩 컨설팅 업체인 듀오웨드가 발표한 <2022 결혼비용 보고서>에 따르면 신혼부부 평균 결혼비용이 주거비를 포함해 2억 8,739만 원이라고 해요. 현실적으로 결혼 적령기쯤 되는 나이에 그 정도 돈을 마련하는 게 쉬운, 아니 가능한 일일까요? 고용노동부에 따르면 20대 평균 월급은 264만 원이라고 해요. 월에 딱 100만 원만 쓰고 남은 돈을 다 모아도 5년 뒤 1억이 안 되는 돈인데 말이죠.

꼭 결혼이 아니라도 그 나이 정도가 되면 독립해서 서울의 깨끗하고 안락한 아파트에서 살고 싶었어요. 계산해 보니 아무리 아끼며 살아도 그렇게 아낀 돈으로는 턱도 없더라고요. 학생 때는 생각지도 못한 현실이었어요. 부자는 못 돼도 괜찮은 직장에 다니면 30살에는 아늑한 집에서 살 수 있을 줄 알았거든요. 생각하면 할수록 자본주의 사회에서 행복하게 살기 위한 첫 번째 조건은 '돈'이라는 결론이 나왔어요.

여러분이 이 책을 보고 있는 이유는 2가지 중 하나일 거예요. 첫째, 부모님의 도움이 확실치 않거나 풍족하지 않은 상황. 둘째, 누군가에게 기대지 않고 혼자서 바로 서고 싶은 마음. 2가지 경우 모두 재테크 공부는 꼭 해야 해요. 여기서는 부모님 도움 같은 예외적인 상황은 빼고 이야기할게요.

30살 전후의 A 커플, B 커플이 있어요. A 커플이 월셋집을 구하기 위해 전전긍긍할 때, 친구인 B 커플은 커뮤니티 시설이 잘 조성된 아파트 단지에 입주해 있을지도 몰라요. 이때 A 커플과 B 커플의 차이는 뭘까요? 맞아요. 돈이죠. 구체적으로는 20대에 재테크를 했나 안 했나에 따라 달라질 거예요. 무서운 건 재테크 여부는 겉으로 드러나지 않는다는 거예요. 그러나 결과의 차이는 분명하고, 일찍부터

그 사실을 알게 된 똑똑한 20대들은 조용히 준비를 시작하는 것이죠. 사실 20대가 일찍부터 재테크의 필요성을 알기는 쉽지 않아요.

20대에는 딱히 큰돈이 나갈 일이 없기 때문인데요. 지금이야 옷, 화장품, 신발 등에 지출하는 게 대부분이잖아요. 자잘한 지출이 대부분이라 큰돈을 모아야겠다는 생각이 들지 않을 수 있어요. 하지만 30대부터는 차, 집, 육아 비용 등 어마어마한 액수의 지출들이 기다리고 있죠. 주변에 비슷한 또래들과만 어울리다 보면 그런 이야기는 멀게 느껴져서 재테크를 해야겠다는 결심이 서지 않을 수 있어요.

저는 고등학생 때까지 용돈을 받으며 살았는데, 그게 참 싫었어요. 입고 싶은 옷을 못 사고, 엽떡을 먹지 못한 것보다 더 싫은 건 바로 용돈 기입장 제출하기였어요. 부모님이 매주 용돈 기입장을 써서 보여달라고 하셨거든요. 옷이라도 좀 산 주간에는 잔소리를 들어야만 했어요.

'안 그래도 용돈이 적은데, 그 돈조차 자유롭게 쓰지 못한다고?' 답답했지만 말대꾸할 수도 없었죠. 부모님이 용돈을 주지 않으면 아무것도 살 수 없잖아요. 딱 그때부터였던 것 같아요. 직접 돈을 벌고, 누군가의 간섭 없이 쓰고 싶다는 생각이 들었을 때가. 정정당당하게 대가를 치르고 받는 돈이 필요하다고 생각했죠.

주변에 "나 이제 돈 열심히 모으려고"라고 말하면 "아직 어린데 취집하면 되지. 뭐 하러 힘들게 돈을 모아"라는 반응이 돌아오더라고요. 취집, 취직과 시집을 합해서 부르는 말이잖아요. 아무리 사랑하는 사람이라도 돈을 그냥 받아서 쓰면 용돈 기입장 때 겪은 것과 비슷한 불편이 생길 것 같았어요. 그래서 더 명확하게 '직접 번' 돈으로 삶의 주도권을 제가 잡으며 살기로 결심했습니다.

20살에 취직해 100만 원대 월급을 받기 시작하면서부터, 25살에 2억 가까운 순자산을 마련하기까지 많은 시행착오를 겪었어요. 뭘 어떻게 하면 되는지 구체적으로 알려주는 사람이 없었고, 답답해서 서점에 가봐도 '주식 투자, 부동산 투자, 경매' 같은 전문 서적만 많더라고요. 적은 돈으로도 할 수 있다는 부동산 책을 봐도 무슨 말인지 모르겠고, 무엇보다 책에서 말하는 '적은 돈'이 저와는 거리가 먼 금액이었어요. 미리 말하자면 재테크를 막 시작하는 사람이 부동산 투자부터 하겠다는 건, 이제 막 헬스장에 등록한 사람이 오자마자 고중량 스쾃을 하겠다는 것과 똑같아요. 기본적인 준비 없이 고중량 스쾃에 매달리면 오히려 크게 다쳐서 치료비만 더 들어가죠.

직접 겪어보니 재테크에도 순서가 있었어요. 이미 내 집을 마련한 사람들, 몇억을 모았다는 사람들과 지금의 나를 비교할 필요는 전혀 없어요. 그들 역시 한참 전에 이 단계를 다 거쳤으니까요. 우리는 우리 페이스대로 가면 되는 거죠. 그런데 그 길을 덜 힘들게 가는 방법은 있고, 그걸 이 책에서 제시하고자 해요. 부끄럽지만 제가 겪은 시행착오까지 다 얘기할 테니, 이 책을 보는 여러분은 수업료를 덜 내고 수월하게 갔으면 좋겠어요. 차마 수업료가 없다고는 못 하지만, 분명히 덜 낼 방법은 있거든요.

　일찍 취업해서 그런지 냉담한 현실을 더욱 빨리 알게 됐어요. 내가 바로 서지 않으면 누군가에게 끌려다니고, 내가 내 이익을 챙기지 않으면 아무도 챙겨주지 않는다는 것도 알게 되었죠. 재테크도 똑같아요. 고수들이 즐비한 투자처에 무방비로 들어가겠다는 건 먹잇감을 자처할 뿐이더라고요. 제가 말하는 순서대로 노력하면 분명 몇 년 뒤에는 이전에 상상조차 못 했던 자신이 되어 있을 거라고 자신 있게 말할 수 있어요. 재테크는 신혼집을 구할 때가 아니라 하루라도 어릴 때 시작해야 하는 거랍니다.

똑똑하게 재테크하면 의외로 좋아지는 것들

'하루라도 빨리 시작하기 정말 잘했다.' 재테크를 일찍 시작하고 6년 뒤인 지금 제 마음은 이래요. 그래서 친한 친구들에게도 취업했으면 빨리 재테크를 시작하라고 권하는데 다들 쉽게 바뀌지 않더라고요. 곰곰이 이유를 생각해 보니 제가 놓친 게 있었어요. 친구들은 재테크가 '왜' 필요하고, '왜' 빨리해야 하는지 제대로 모르고 있다는 걸 알게 됐죠.

되돌아보니까 친구들에게 방법만 알려줬지, 그 이유에 대해 제대로 이야기해준 적이 없었어요. 분명히 이 말을 했더라면 친구들 생각도 바뀌었을 텐데 말이죠. 그래서 2030이 재테크를 하루빨리 시작해야 하는 이유 3가지를 짚어보려고 해요.

첫째는 높은 자존감을 위해서예요. 재테크와 자존감이 무슨 상관이냐 싶겠지만, 사실 재테크는 자존감과 직결돼요. 재테크를 하는 사람은 늘 어떤 목표를 갖고 생활하게 되는데요. 예를 들어, 첫 단계에 있는 사람의 목표는 '매일 정해진 생활비 범위 내에서 지내기'예요. 그럼, 생활비를 맞춰서 쓴 날은 곧 목표를 달성한 날이 되는 거죠. 본인이 세운 목표를 자주 달성해 본 사람은 '나도 해냈다'라는 생각에 자존감이 높아져요. 작은 성취를 반복하다 보면 무기력에서 벗어날 수 있다는 연구 결과도 있더라고요. 내 돈을 관리하면서 자존감까지 높아지기, 일석이조 아닌가요?

대부분은 고등학교의 마지막 학년인 19살 혹은 대학교 마지막 학년을 거쳐 사회에 나가요. 분명 학교에서는 가장 높은 학년이었던 우리가 사회에 나가면 갑자기 막내가 되죠. 회사 일에 어설픈 신입사원이 되는데, 그때가 가장 많이 깨지고 힘든 시기인 것 같아요. 자칫 자존감이 크게 내려앉을 시기이기도 하고요. 실제로 힘들어하는 주변인을 많이 봤고, 속상하다는 구독자들의 연락도 많이 받았어요.

일도 낯설고 몸은 피곤한데, 주변 사람들 다 들리게 혼이라도 나는 날이면 정말이지 아찔하잖아요? 나름대로 열심히 해보지만 상사들은 그런 걸 일일이 이해해 줄 마음의 여유가 없어요. 내 멘탈 관리는 내 몫이죠. 이때 재테크가 우리의 자존감에 도움을 줍니다. 여러 개 쌓인 작은 성취가 건강한 자존감의 기반이 되어주는데, 재테크는 우리에게 그 '작은 성취감'을 안겨줄 수 있어요. 물론 재테크에 어떤 식으로 접근하는지에 따라 달라지는데, 이 책에서는 재테크를 '꼭 해야 하는 공부'가 아니라 계속 함께할 '습관'으로 만드는 방법들을 이야기할 거예요.

둘째는 복리효과입니다. '스노우볼 효과'라고도 하는데, 아주 적은 원금이라도 이자에 이자가 붙으면 나중에는 큰 자산이 되는 현상을 말해요. 투자의 대가라고 불리는 워런 버핏은 11세에 처음 투자를 시작해 자산을 불렸다고 해요. 그의 평생 투자 수익률은 23%인데, 지금 그의 순자산 가치는 1,000억 달러가 넘는다고 하고요. 원금에 수익금이 계속 붙어서 이런 결과가 나타난 거죠. 그렇게 복리의 마법을 경험한 워런 버핏은 실제로 "다시 태어날 수 있다면 5살이나 7살 때부터 주식을 시작하고 싶다"라고 했다네요. 복리 효과에 대해선 뒤에서 자세히 알아볼게요.

그런데 복리효과는 돈에만 적용되는 건 아니에요. 우리의 지식에도 복리효과는 적용될 수 있어요. 지금 재테크에 대해서 10% 아는 것과 나중에 60세가 되어서 10% 아는 게 과연 같을까요? 밑바탕이 있고 없고에 따라 같은 이야기를 들어도 흡수하는 깊이에 차이가 날 수밖에 없을 거예요. 한 살이라도 어릴 때 재테크했던 습관과 그렇게 만든 안목은 나이가 들수록 늘 수밖에 없으니까요. 이런 경험이 매 순간 더 나은 선택을 할 수 있는 토대가 되어주기 때문에, 흡수력이 빠른 젊은 시절을 잘 활용하는 게 중요해요. 뭔가 복잡하고 귀찮을 것 같아서 재테크 공부를 피하면 점점 더 힘들어질 뿐이에요. 밥 먹을 때 첫술에 배부르지는 않지만, 계속 먹으면 언젠가는 배가 부르게 되잖아요. 재테크도 처음부터 극적인 결과가 나오지는 않지만, 한 걸음 한 걸음 나아가다 보면 원하는 지점에 다다를 수 있을 거예요.

셋째는 더 넓은 세상을 볼 수 있기 때문이에요. 일단 뉴스를 통해서요! 재테크하는 사람들은 뉴스 기사를 가까이하게 돼요. 뉴스에서 새로운 기회를 찾기도 하고, 바뀌는 정책에 귀를 기울여야 해서 그렇죠. 사람마다 다르겠지만 재테크에 관심이 없는 20대는 뉴스를 제대로 보지 않을 거예요. 그도 그럴 것이 유튜브나 예능, 영화, 드라마, 게임이 넘치는 세상이잖아요. "내내 일하고 와서 쉬기도 바쁜데 무슨 뉴스야?" 하며 드러누워 핸드폰부터 집어들 수 있죠.

물론 이해해요. 저도 그랬으니까요. 쉴 때 맛있는 거 먹으면서 좋아하는 드라마를 보는 행복을 어디에 비교하겠어요. 저는 지금도 주말이면 드라마 한 편을 틀어 놓고 맛있는 음식을 먹는 게 큰 즐거움이에요. 하지만 평일에는 뉴스나 신문을 꼭 챙겨요. '어떤 새로운 이야기들이 있을까?'라고 생각하며 신문을 펼쳐 들죠.

고등학교 때까지는 뉴스와 신문은 엄마 아빠가 보는 것, 가끔가다가 '삘받으면' 한 번씩 보는 거라고 생각했어요. 하지만 지금은 재미있게 보고 있어요. 뉴스에서 나오는 이야기가 생각보다 나랑 밀접한 관련이 있다는 걸 알게 되고서부터였죠. 예전에는 그렇게 재미없던 정치 이야기에도 결국 귀를 기울이게 되었고요. 경제 시스템은 정치와 밀접해서 그들의 말 한마디 한마디를 집중해서 들어야 해요. 재테크를 시작하지 않았더라면 절대 몰랐을 거예요. 다양한 기업이 진행하고 있는 다양한 사업들, 그 사업에서 고려해야 하는 일들, 특정 안건에 대한 견해 차이, 전문가들이 보는 전망, 새로운 정책 등 하루 30분에서 1시간 정도면 세상 돌아가는 이야기를 머리에 담을 수 있죠.

재테크를 하면서 돈 이야기 외에도 내가 알던 세상보다 세상은 참 넓다는 것, 다양한 기회들이 곳곳에 있다는 걸 알게 되었어요. 흔히 알을 깨고 나와야 한다고 하잖아요? 주변을 보려고 노력하지 않으면 경주마처럼 계속 앞만 보며 달리게 될 거고, 결국은 내가 놓친 많은 기회가 있었다는 걸 나중에서야 알고 한탄하게 될 거예요. 아직 늦지 않았어요. 이걸 보고 있는 지금이 바로 재테크를 알 수 있는 가장 좋은 때랍니다.

직장에서의 기대가 와르르 무너진 날

어디라고 말하면 다 알 만한 대기업에 운 좋게 일찍 입사하게 됐어요. 입사하고 싶었던 다양한 이유가 있었지만, 그중 하나는 모든 과정을 우수하게 마친 선배님들은 어떻게 생활하는지가 정말 궁금했기 때문이에요. 막상 가보니까 역시 사무실이 정말 멋지고, 건물도 으리으리하더군요. '여기서 일하는 사람들은 얼마나 멋지고 행복할까?' 부서 배치받는 날만 손꼽아 기다렸던 것 같아요.

처음 1년은 주변을 둘러볼 새가 없었어요. 저 하나 챙기는 것도 버거워서 회사에 적응하느라 정신없었죠. 2년 차부터 주변이 조금씩 보이기 시작했어요. 지금은 어떤지 모르겠지만 당시에는 야근이 필수였어요. 일도 많았지만,

분위기상 일을 다 끝낸 날에도 눈치를 보며 퇴근하지 못했죠. 어쩌다 일찍 퇴근하는 날이면 회식하러 가곤 했어요. 저만 그런 게 아니라 팀에 사원, 대리급은 다 마찬가지였어요. 평일 저녁 시간을 온전히 누린다는 건 상상도 할 수 없었죠. 그러다 보니 마음의 여유가 없어졌어요. 선배들도 마찬가지로 날이 서 있었고, 아래 직급이던 저는 늘 긴장하며 그들의 감정을 받아내야만 했죠.

"그래도 금전적으로는 여유가 있었을 거 아니에요"라고 말한다면, 솔직히 다른 회사와 엄청나게 큰 차이가 있는 건 아니었어요. 복지나 성과급이 조금 더 나을 뿐 기본급은 높지 않았거든요. 한번은 회의 시간에 우리 팀이 일찍 도착해서 이야기를 나눌 일이 있었는데, 지금도 그 순간이 생생하게 기억나요. 돈 이야기가 나왔거든요. 아이디어 말하다가 어쩌다 보니 저축액이 화두에 올랐는데, 놀랍게도 그 많은 선배 중 1억을 가진 사람이 없다고 하더군요. 대기업 다니면 다 1억 이상은 있을 줄 알았는데 고개가 갸우뚱해지는 순간이었죠.
물론 돈 관리에 뛰어난 다른 선배도 있었어요. 신입인 저를 데리고 돈 관리의 중요성을 이야기하며 《부자 아빠 가난한 아빠》를 꼭 읽어보라고 권해주기도 했죠. 진심 어린 조언이 환기는 되었지만, 제가 돈 관리를 적극적으로 하게 된 이유는 '이 직장생활을 40, 50세까지 할 수 있을까?' 라는 의문이 생겼기 때문이에요. 직장에는 직급이 있고, 모두 같은 공간에서 일해요. 그래서 '정말 노력하면 언젠가 갈 수 있는 저 자리'에 있는 선배를 쉽게 볼 수 있죠.

문제는 그 자리가 전혀 부럽지 않았다는 거예요. 정말 전혀 부럽지 않았어요. 출근해서 밤늦게까지 일하다가 퇴근하고, 업무시간 내내 이리저리 불려 다니며 깨지는 모습을 많이 봤던 것 같아요. 그분의 업무 역량 문제가 아니라 회사 구조상 어쩔 수 없는 상황이라는 것도 알고 있었죠. 하루가 다르게 선배 안색이 안 좋아지는 게 보였어요. 나름 좋다고 하는 회사에 들어왔는데, 이 자리에서 미친 듯이 노력해야 갈 수 있는 저 자리가 전혀 부럽지 않았던 거죠.

그래서인지 중간 직급에는 이런 선배들도 있었어요. 어느 날 선배에게 일에 대한 고민을 털어놨더니, 난데없이 일을 열심히 안 해도 된다는 답변이 돌아왔어요. 왜 그렇게 열심히 하냐면서 본인은 업무시간에 모니터에 업무 띄워 놓고, 다른 생각을 한다고 하더군요. 본인만 그런 게 아니라 '주변 사람들'도 마찬가지라고.

그 선배의 이야기가 참 크게 다가왔어요. 직급도 상당히 가까워서 같이하는 일이 많은 선배였고, 마찬가지라고 했던 '주변 사람들' 역시 직급이 가까웠던 선배들이었고요. 참 절망적이었어요. 저는 일 욕심이 있고, 맡은 바에 최선을 다하는 성향이에요. 업무시간으로 8시간이 정해져 있다면 대가를 받고 일하니 최선을 다해야 한다고 생각했죠. '업무를 잘하면 개인 역량 발전에도 도움이 되니 열심히 하는 게 좋은 거 아닌가? 그런데 이건 아니지.' 마침 그때 회사 구조가 바뀌면서 잡다한 일을 제가 다 떠안게 될 것 같은 시기였어요. 개인적인 시간도 거의 없는데, 성취감마저 느끼기 어렵다니 어릴 때부터 생각한 '행복한 어른'의 모습은 이게 아니었죠.

다른 게 필요했어요. 잠시 멈춰 방향성을 재정비하고 싶었습니다. 그 후에는 업무시간을 제외한 여유시간이 생길 때마다 재테크 공부에 몰두하거나, 원하는 방향으로 살 수 있는 방법을 찾으며 지냈어요. 평일에는 거의 시간이 없어서 주말에 잠을 줄여가며 매진했죠. 그렇게 6개월 뒤 퇴사를 결심했고, 지금은 어릴 때 꿈꿔온 '행복한 어른'의 모습에 제법 가까워지고 있답니다.

이 과정을 말하는 건 지금부터 전할 이야기들이 대충 주워들은 게 아니라는 것, 나름대로 순탄하지만은 않게, 많은 고민으로 걸어온 길이라는 걸 알리고 싶었기 때문이에요. 잘 정리해서 공유해 볼 테니 유용하게 봐주셨으면 좋겠습니다.

올바른 방향으로 꾸준히 걷다 보면
결국 목표한 곳에 도달하게 될 거예요.
그 첫 단계가 바로 '소비통제'랍니다.

저축에
속도를
붙여줄

PART
2

소비
줄이는
노하우

소비 줄이기에 매번 실패할 수밖에 없는 이유

여러분은 소비를 얼마나 잘하고 있나요? 재테크 얘기가 나올 때면 거의 매번 '소비를 줄여야 한다'라는 말을 들었을 거예요. 기본이기도 하고 중요해서 그렇기도 하죠. 하지만 가장 큰 이유는 그렇게 많이 얘기해도 아직 많은 사람이 이 단계에서 멈춰 있기 때문일 거예요. 이 단계에서 노력하고 있는 사람도 많지만, 다시 원점으로 돌아가는 사람 역시 많거든요. 왜 그럴까요?

우선은 목적이 명확하지 않아서 그럴 수 있어요. 돈 아끼라고 해서 시도는 해봤는데, 몇 달 뒤 의지를 잃고 다시 원래대로 돈을 쓰기 시작하는 거죠. '왜' 해야 하는지, '왜' 내게 필요한 건지를 정확히 아는 것과 모르는 것은 다른 결과를 불러와요. 모든 일을 시작할 때 '왜?'라는 의문을 품으면 좋더라고요. 의문을 품고, 그 의문에 대한 답을 구한 후 시작해 보세요. 내가 하는 일, 내가 지나고 있는 이 과정의 목적을 정확히 하면 더 애정을 쏟아서 그 길을 갈 수 있거든요.

소비를 줄여야 하는 이유는 간단해요. 시드머니를 마련해야 하기 때문이죠. '시드머니' 혹은 '종잣돈'이라는 말은 많이 들어보셨죠? 시드머니를 발판 삼아 앞으로의 자산을 증식시켜 나갈 수 있어요. 그냥 단순히 통장에 돈만 모으고 있는 사람과 같은 돈으로 투자를 병행한 사람의 자산차이는 몇 배 이상 나거든요. 당장은 그 차이가 보이지 않지만 그런 시간이 쌓이면 확연한 차이로 드러나요. 그래서 결국 재테크의 시작인 '시드머니 마련' 단계로 돌아올 수밖에 없는 거죠. 돈을 아껴서 하고 싶은 여러분만의 '최종 목적'을 꼭 생각해 두세요.

또 하나 있어요. 아마 많은 사람이 원점으로 돌아가는 이유 중 대부분이 이거일 거예요. '어렵다'는 거요. 다른 친구들이 인스타에 여행 간 사진 올리고, 골프 치는 사진 올릴 때 나만 돈을 모은다는 건 힘들죠. 나도 똑같이 돈 버는데, 나도 맛있는 코스요리 먹으러 다니고 싶고, 화려한 옷 입고 사진을 남기고 싶죠. 특히 나이가 어릴수록 주변 친구의 영향을 많이 받기 때문에 혼자 돈을 모으는 게 힘들어요.

　　하지만 알다시피 세상에 쉽게 얻어지는 건 없어요. 한 가지 다행이라면 머리를 쓰면 조금 덜 돌아가는 길은 있다는 거죠. 앞으로 한 단계씩 순서대로 밟아 나갈 건데요. 이 순서가 참 중요해요. 한 단계 한 단계 밀도 높게 쌓다 보면 중간에서 무너지지 않을 거예요. 인생은 속도가 아니라 방향이라는 말 들어봤죠? 올바른 방향으로 꾸준히 걷다 보면 결국 목표한 곳에 도달하게 될 거예요. 그 첫 단계가 바로 '소비통제'랍니다.

나만의 숨 쉴 구멍, 행복비용

저는 무조건적인 절약은 아니라고 생각해요. 그러면 재테크는 '숙제 같은 것' 혹은 '지루한 것'이 되어버릴 거예요. 꼭 그렇게 느끼지 않을 방법도 있는데 말이죠. 그것이 '행복비용'이에요. 매월 계획을 세울 때 식비, 교통비 예산을 정하는 것처럼 고정적으로 예산 카테고리에 '행복비용'을 넣어보세요. 행복비용은 '행복을 느낄 수 있는 소비에 쓰는 비용'을 말해요.

소비 단계에서 가장 먼저 해야 할 일은 돈 쓰는 기준을 정립하는 것이에요. '어떤 것에는 지출하고, 그 외에는 지출하지 않는다.' 이 기준을 머릿속에 늘 갖고 있어야 해요. 만약 식비, 꾸밈비, 교통비 등 최소한의 지출만 하는 상황에서, 매월 20만 원이라는 행복비용이 주어진다면 어떻게 쓰고 싶으세요? 정말 다양한 답변이 나올 거예요. 저는 여행을 너무 좋아해서 여행비로 15만 원을 매월 저축하고, 나머지 돈으로 엽기떡볶이를 2주에 한 번씩 시켜 먹을 거예요. 재미있는 거 보면서 엽기떡볶이 먹을 때도 정말 행복하거든요. 열심히 일하고 생활하는 나를 위한 보상으로 확실한 행복을 미리 계획해 두는 거예요. 돈을 아끼는 게 힘들지만 곧 행복비용을 쓸 날이 다가올 테니 조금 더 힘을 낼 수 있기도 하고요.

노는 걸 꼭 20대에 할 필요는 없다고 하는 재테크 서적도 봤지만, 그 내용에는 크게 동의하지 않아요. 예를 들어, 낮부터 밤까지 야외에서 즐기는 각종 뮤직 페스티벌은 너무 재밌잖아요. 매달 하는 것도 아니고 여름에만 열리니까 한두 번 간다고 해서 재테크에 큰 타격은 없어요. 하지만 '돈을 아껴야 한다'라는 생각이 있는 상태에서 보면 뮤직 페스티벌 입장료가 크게 느껴질 수 있어요. 그럴 때 행복비용을 쓰는 거죠. 재테크를 위해 오늘의 행복을 전부 막지 않아도 된다고 생각해요. 지금 느낄 수 있는 감정이 있고, 적절한 소비를 통해 숨 쉴 구멍을 열어놔야 끝까지 갈 수 있으니까요.

이 단계에서 빨리 지치는 사람들의 특징이, 한 달 식비를 몇만 원 내로 해결하는 등 갑자기 악착같이 소비를 통제한다는 거예요. 시드머니를 모으는 기간은 조금 단축되겠지만 재테크는 장기전이니까 이렇게 극단적일 필요는 없어요. 오히려 적절히 통제하면서 다음 스텝을 배워두는 게 더 도움이 돼요.

지금 나만의 행복비용을 어디에 쓸지 생각하는 것처럼, 앞으로의 재테크 과정에서도 크고 작은 선택을 하게 될 거예요. 이 과정에서 스스로에 대해 잘 알게 될 수밖에 없고, 그래서 재미있기도 했어요. 삶을 살아가는 모든 순간에 '나'는 늘 '나'와 함께하는데, 자신에 대해 명확히 알고 있다면 불필요한 선택도 덜 할 수 있을 거예요. 그래서 소비통제는 지루한 숙제가 아니라 내 행복과 자아실현을 위한 건강한 여정의 시작이라고 생각해요.

소비를 줄이는 시기에 중요한 것은 하지 않아도 될 것을 하지 않는 거예요. 바꿔 말하면 어디에 돈을 써야 하는지 명확히 하는 것이죠. 돈 쓰는 기준이 명확하지 않으면 새어 나가는 돈이 정말 많아져요. 이 소비통제 단계에서는 딱 필요한 것에만 소비하고, 그렇지 않은 건 철저하게 배제하면서 지내야 해요. 예를 들어 돈을 모을 때는 택시를 아예 타지 않는 거죠.

대중교통이 전혀 없는 곳을 가는 게 아닌 이상 택시 타지 않기! 택시를 타야 하는 상황 자체를 만들지 않는 게 좋아요. 그동안 택시를 탔던 이유가 뭔지를 생각해 보세요. 만약 약속시간을 못 지킬 것 같아서 택시를 탔다면, 앞으로는 준비시간을 20분 더 늘려보는 거예요. 택시가 편안해서 탔다면 택시 한 번이 일 끝나고 먹는 맛있는 식사 한 번과 바꿀 만큼 좋은가를 자문해 보세요. 만약 그만큼 택시가 좋다면 내 행복비용에 택시비 예산을 포함하면 되겠죠? 사람마다 행복의 기준은 다 다르니까 그 정도로 좋다면 행복비용에 넣어야 해요. 그런데 그 정도는 아니라면 종잣돈을 모을 때는 웬만하면 택시를 타지 않는 거죠.

본격적으로 아끼기에 앞서 나만의 우선순위를 정하면 이 기준이 좀 더 명확해질 거예요. 제 경우는 '맛있는 음식'이 1순위였고, 제일 끝에 있는 게 '예쁜 물건'이었어요. 외식을 꽤 하면서 재테크를 할 수 있었던 이유는 '예쁜 물건'을 포기했기 때문이에요.

직장 입사 후 처음으로 받은 유선 키보드를 6년째 사용 중인데, 키감이 그렇게 좋진 않지만 고장이 난 것도 아니라서 아직 잘 사용하고 있어요. 가끔 친구들과 만날 때 꺼내면 친구들이 경악하는 물건도 있어요. 바로 20살에 행사장에 갔다가 받은 맥주 브랜드 로고가 박힌 휴대폰 보조

배터리. 친구들은 경악하지만 아무것도 안 쓰여 있는 뒷면을 위쪽으로 놔두면 괜찮거든요.

물론 더 예쁘고 마음에 드는 제품을 사면 좋겠죠. 하지만 1순위인 '맛있는 음식'을 먹는 게 더 중요했기 때문에 제 기능을 하는 물건은 절대 바꾸지 않았어요. 조금 오래 썼다고 혹은 디자인이 질린다는 이유로 새것으로 바꾸면 지출이 많아지잖아요. 이런 식으로 본인만의 우선순위를 고민해 보면 도움이 돼요.

내가 했던 가장 효율적인 예산 세우기

소비통제 단계에서 행복비용을 정해 놓는 대신 이 2가지는 꼭 지켜야 해요. 첫째는 그 외 불필요한 지출은 '명확하게' 틀어막아야 한다는 것, 둘째는 시드머니를 모으는 과정이라면 행복비용은 매월 20만 원을 넘기지 않는 게 좋다는 것이에요. 그래도 행복비용이 있으니까 숨통이 트이지 않나요?

이제 한 달 예산을 정하는 방법을 알아볼게요. 처음에는 정한 예산대로 소비하기가 힘들겠지만, 그래도 예산을 짜는 일은 꼭 필요해요. 이 방법대로만 따라와 보세요!

첫 번째, 최근 3개월간의 지출내역을 확인한 후, 월 지출 비용을 카테고리별로 나눠보세요. 소비통제는 '필수적으로 지출하고 있는' 비용을 명확히 아는 것에서 시작해요. 아마 본인이 어떤 영역에 얼마나 지출하고 있는지 모르는 사람들이 많을 거예요. 이럴 때 '뱅크샐러드, 편한가계부' 같은 가계부 앱을 활용하면 정말 편해요. 카드나 통장 등을 한 번만 연결해 두면 세세한 지출내역이 자동으로 연계돼 쉽게 확인할 수 있죠. 앞으로도 쭉 사용해야 하니까 편한 앱을 선택해 보세요. 이번에 정한 예산도 가계부 앱에 입력해 관리할 거예요.

평소 본인의 지출내역을 신경 쓰지 않고 소비해 왔다면 매달 지출내역이 다를 수 있으니 처음에는 3개월 치 내역을 확인해 보세요. 지출내역을 카테고리별로 묶어서 평균치를 정리하고 확인하는 게 1단계에서 할 일이에요.

두 번째, 각 카테고리 옆에 고정적으로 지출해야 하는 비용과 항목을 적어주세요. 고정비, 한마디로 숨만 쉬어도 나가는 돈이 되겠습니다. 통신비, 구독 서비스 비용, 월세나 전세 이자 등이 있어요. 그리고 그 금액을 다 더해 보세요. 지금 숨만 쉬어도 고정적으로 나가는 돈이 매월 얼마나 되나요?

세 번째, 최근 3개월간의 지출내역 중 불필요한 소비가 있다면 아래에 적어주세요. 불필요한 소비를 한 이유와 개선 방법도 함께 적어보는 게 좋아요. 불필요한 소비가 무엇인지 알고 신경 쓰며 생활하면 소비습관 변화에 큰 도움이 되거든요. 그런 소비를 '왜' 계속했는지도 스스로와의 대화를 통해 알아보면 결국 답이 나오더라고요.

예를 들어, 잠을 오래 자지 못한 날에는 몸도 무겁고 허한 느낌이 들어서 예상에 없던 배달음식을 시켜 먹는 경우가 있어요. 그런 빈도가 잦다면 적정 수면시간을 유지할 수 있도록 생활패턴을 점검해 보는 거죠. 불필요한 소비가 뭔지, 그런 소비를 왜 했는지, 개선 방법은 뭔지 이 3가지를 잘 생각해 본 후 하나씩 바꿔 나가면 됩니다.

네 번째, 월 고정소득의 50%는 저축, 50%는 지출로 잡은 후 카테고리별 월 지출 금액을 조정해 보세요. 지출 금액을 기존에 소비하던 비용보다 줄여야 한다면 어떤 카테고리의 예산을 낮춰야 하는지 고민해 보세요. 이 단계에서 본인만의 우선순위를 명확히 세울 수 있어요. 카테고리에 20만 원의 행복비용도 추가한 후 함께 고려하고, 소득이 많은 사람도 월 지출총액을 150만 원 이하로 잡는 것이 좋아요. 각자의 상황에 따라 월에 150만 원 이하로 쓰는 게 힘든 사람도 있겠죠? 만약 독립해서 자취하고 있다면 아무래도 고정비가 더 나갈 거예요. 그럴 때는 저축액을 조금 줄여서 예산을 짜도 괜찮습니다.

예를 들어 250만 원의 월급을 받는 A라면 150만 원은 저축하고, 100만 원은 지출하는 거죠. 이때 고정비 및 교통비 10만 원, 식비 45만 원, 여가비 10만 원, 행복비용 20만 원, 품위유지비 10만 원, 경조사비 5만 원처럼 총예산인 100만 원을 어떻게 지출할지 카테고리별 예산도 정하면 되는 거예요.

나의 소비내역 확인하기

최근 3개월 소비내역을 카테고리별로 분류해 나는 어디에 얼마를 지출하고 있는지 확인해요.

	1월	2월	3월	평균
회사 식비				
외식비				
꾸밈비				
교통비				
생활비				
경조사비				
구독료				
통신비				
총액				

STEP 2 고정지출 확인하기

내가 필수적으로 지출해야 하는 건 어떤 것들인지 고민해 보고 표 아래에 적어둬요.

회사 점심 8,000원 × 23일 = 18.4만 원

교통비 1,280원 × 23일 = 3만 원

통신비 기존 통신요금 7.8만 원

경조사비 5만 원

무조건 나가는 돈 = 34.2만 원

STEP 3 불필요한 소비 점검하기

불필요한 소비를 파악하고 그렇게 소비한 이유와 개선 방법을 적어요.

카테고리	항목	금액	이유	개선 방법
구독료	TV프로그램 구독료	1.2만 원	구독하고 거의 보지 않았음	해지!
꾸밈비	나*키 스니커즈	14.9만 원	이미 운동화가 많은데 예뻐서 또 삼	집에 많이 있는 건 그만 소비하자
⋮				

STEP 4 나만의 예산 짜기

최소한 50%는 저축으로 잡고, 나머지는 예산을 세워요.
예산을 맞추기 위해 어떤 카테고리의 예산을 줄일지 고민해요.

수입	
저축	
지출	

	1월	2월	3월	평균	최종
회사 식비					
외식비					
꾸밈비					
교통비					
생활비					
경조사비					
구독료					
통신비					
총액					

나는 식비가 가장 중요해! 다른 거를 줄여서라도
주말에 맛있는 건 꼭 먹어야겠어!
옷은 그래도 많이 샀으니까 꾸밈비를 줄이자.
어, 그래도 모자라네?
예쁜 쓰레기도 이제 그만 사야겠다.
생활비도 줄이자!

정보력이 곧 절약의 길 - 신용카드 편

예산을 잡아보니 많이 초과하는데 도대체 어디서 줄여야 하나 싶죠? 그래서 이제부터는 평소에 지출하는 비용을 '효율적으로' 쓰는 방법을 찾아야 해요. 필수적으로 나갈 비용이라도 아낄 방법은 분명히 있거든요. 예산을 초과한 다고 식사 한 끼를 대충 때울 게 아니라, 효율적인 방법을 찾아 활용하면 절약도 조금 더 쉽게 할 수 있어요.

소비를 통제하기 위해 신용카드 대신 체크카드를 쓰는 게 좋다는 말을 들어본 적이 있을지도 모르겠어요. 체크카드는 결제할 때마다 즉각적으로 내 통장에서 빠져나가니 아무래도 의식하며 돈을 쓰지만, 신용카드는 한 달 사용 액이 다음 달 결제일에 한 번에 빠져나가는 시스템이라 느슨해지기 마련이에요. 월급은 통장을 스칠 뿐이라는 말이 그래서 나오는 거죠. 들어오자마자 신용카드 대금으로 다 빠져나간 경험을 해본 사람이라면 격하게 공감할 거예요.

그런데 이 부분에 대한 제 생각은 조금 달라요. "신용카드를 쓰면 소비통제가 되지 않아"라는 말에 매몰되어 신용카드를 멀리할 필요는 없어요. 효율적인 재테크를 원한다면 오히려 신용카드를 영리하게 활용하는 게 낫지요. 자산관리가 즉각적으로 되지 않는 점은 각 카드사 앱에 있는 '카드대금 즉시결제' 기능을 써서 그때그때 통장에서 빠져나가도록 하면 충분히 해소되더라고요. 신용도에도 좋은 영향을 준다고 하니까 활용해 보세요.

신용카드를 쓰라고 말하는 이유는 혜택 때문이에요. 체크카드는 혜택이라고 할 게 미미한데, 신용카드는 전월 실적에 따라 혜택이 참 다양해요. 연회비 1만 원 정도인 카드도 혜택이 꽤 쏠쏠하고, 연회비 환급 이벤트라도 겹치면 더 이득이죠.

저는 신용카드를 통해 월 교통비 5,000원씩을 아낄 수 있었고, 지인에게 커피를 살 때면 제휴된 스타벅스로 가서 50% 할인혜택을 받곤 했어요. 각자의 생활패턴에 맞춰 고정비를 줄일 수 있는 카드를 고르는 게 가장 좋겠죠. 주유비에 특화된 카드, 문화비에 특화된 카드 등 필요한 혜택

출처: 카드 고릴라(card-gorilla.com)

이 다르니 카드 비교사이트를 통해 카드를 발급받는 걸 추천할게요. 예전에는 포털사이트에 카드를 검색해서 하나씩 확인했었는데, 요즘은 '카드 고릴라'라는 사이트가 참 잘 되어 있더라고요. 혜택이 다양하고, 해당하는 카드도 다 다르니까 나한텐 맞는 신용카드를 잘 찾아보세요. '실시간 순위 - 고릴라TOP100(월간)' 상위권에 있는 카드들은 혜택이 좋은 경우가 많아요. 바쁘다면 이 카드들만 잘 비교해도 도움이 될 거예요.

그렇다고 체크카드를 아예 쓰지 말자는 건 아니니 오해 금지! 신용카드, 체크카드를 적절하게 잘 섞어서 쓰면 '제13월의 월급'이라고 불리는 연말정산 환급액에도 좋은 영향을 주거든요. 게다가 연말정산 말고는 별다른 혜택이 없던 체크카드도 요즘은 달라지고 있어요. 토스, 헥토파이낸셜 같은 핀테크 기업의 체크카드는 연회비가 있는 신용카드보다 혜택이 좋을 때도 있더라고요.

신용카드와 달리 전월 실적 같은 조건이 없다는 것도 큰 장점이죠. 주유비, 대중교통비 등 각 카드에서 받을 수 있는 할인혜택 한도가 정해져 있으니까 체크카드와 병행해서 할인혜택을 최대치로 똑똑하게 이용하면 됩니다. 체크카드도 카드 고릴라에서 확인할 수 있으니, 잘 찾아 병행해서 사용하는 걸 추천할게요.

기프티콘으로

할인 받아 마시니

더 꿀맛~!

정보력이 곧 절약의 길 – 카페/식당 편

아무리 돈을 모으는 게 중요한 시점이라도 외식할 일이 생기고, 카페에 가야 할 수도 있어요. 가끔 친구들도 만나야 하고요. 그럴 때 지출하는 비용을 조금 더 아낄 수 있는 방법이 바로 '앱 활용'이에요. 대표적으로는 '니콘내콘, 팔라고'를 추천할게요. 요즘은 프랜차이즈가 정말 많아지면서 선택할 수 있는 기프티콘의 폭도 넓어졌어요.

이런 앱을 이용하면 프랜차이즈에서 쓸 수 있는 기프티콘을 15% 내외로 할인받아서 살 수 있어요. 앱 사용이 익숙하지 않으면 처음엔 좀 귀찮을 수 있어요. 하지만 아낄 수 있는 건 최대한 아끼는 게 이 단계에서 꼭 가져야 할 자세라는 걸 잊지 마세요. 몇천 원이 쌓여 몇만 원, 1년이면 몇십만 원을 아끼게 되니까요.

'니콘내콘' 앱에는 유효기간이 임박한 기프티콘을 더 할인해 판매하는 '땡철이'라는 메뉴가 있어요. 저는 주로 그 메뉴에서 구매해요. 기프티콘을 살 때 하나 더 확인하는 게 '다른 메뉴로 바꿀 수 있는가?'예요. 일부 프랜차이즈에서는 다른 메뉴로 바꿔서 주문할 수도 있어요.

예를 들어, 아메리카노 2잔 + 초코케이크 1개의 파스쿠찌 기프티콘이 있다면 라떼 2잔 + 딸기케이크 1개로 바꿔 주문할 수 있죠. 혹시 차액이 있으면 추가로 결제하면 되고요. 그러니 판매 중인 기프티콘이 내가 좋아하는 메뉴가 아닐 때는 프랜차이즈 기프티콘 체계를 검색해 보세요. 내 생활권 주변에 많이 있는 브랜드가 있다면, 거기 갈 때만큼은 꼭 앱을 확인해서 이용하고요.

기프티콘 선물이 들어왔는데 그다지 선호하지 않는 브랜드라면 '팔라고' 앱을 통해 판매할 수 있어요. 팔라고 앱에서는 기프티콘 구매나 판매가 편해요. 선호하지 않는 기프티콘은 팔아서 부수입을 얻고, 원하는 기프티콘은 저렴하게 구매해서 합리적으로 지출해 보세요.

정보력이 곧 절약의 길 – 알뜰폰 요금 편

주변 지인들의 지출내역을 볼 때면 가장 아까운 게 바로 통신요금이에요. 통신비는 가장 쉽게 줄일 수 있는 고정비거든요. 월에 2만 원대면 충분한데 10만 원 이상 지출하고 있는 사람도 상당히 많았어요. 알뜰폰으로 바꾸라고 해도 잘 바꾸지 않아서 이유를 물어보니까 뭐가 좋은지도 모르겠고, 약정 때문에 무섭다고 하더라고요. 기본적인 오해들도 많았고요. 이 부분은 제가 해당 업계에 종사한 경험이 있어서 잘 설명할 수 있을 것 같아요.

우선 지금 내는 통신비가 최선인지 알아보는 방법을 쉽게 정리했으니 한 번 계산해 보세요. "약정 끝나면 바꿀게요" 하는 사람들이 많은데, 지금 위약금을 물고라도 바꾸는 게 나은 사람들이 분명히 있거든요. 제가 권한 방법대로 계산해 보니 30~40만 원을 아낄 수 있다는 결과가 나와서 알뜰폰으로 바꾼 지인들도 많답니다. 계산 전에 먼저 해지하면 나오는 위약금과 잔여 약정 개월 수, 현재 납부하고 있는 통신비를 알아야 해요. 이거는 고객센터 앱에 들어가 확인하거나 고객센터에 전화하면 바로 알 수 있어요. 이것들을 다 확인했다면 다음 식에 대입해 보세요.

'현재 내 통신비가 최선일까?' 통신비 자가 진단법을 설명해 볼게요. 약정이 끝난 경우라면 알뜰폰으로 갈아타지 않을 이유가 하나도 없으니 당장 바꾸면 됩니다. 하지만 약정이 남아 있는 경우라면 계산이 필요해요. ㉮가 더 크다면 위약금을 물고라도 지금 바꾸는 게 현명합니다. 아직 알뜰폰 요금제를 선택한 게 아니라서 '알뜰폰 이용 시 통신비'가 얼마인지 잘 모를 수 있어요. 그럴 땐 '모요(www.moyoplan.com)'에 들어가 현재 사용 중인 제공량과 비슷한 알뜰폰 요금제를 아무거나 찾아 대입해 보면 돼요.

㉮ 잔여 약정 개월 수 × 현재 납부하는 통신비

㉯ (잔여 약정 개월 수 × 알뜰폰 이용 시 통신비) - 상품권 혜택 + 위약금

'바꾸는 게 낫다는 결과가 나오긴 했지만 뭔가 찜찜해. 알뜰폰 가격이 너무 저렴하단 말이지.' 이렇게 생각하는 사람이 있을 거예요. 저도 업계에 다니기 전까지는 '싼 건 다 이유가 있겠지' 하며 알뜰폰을 불신했기 때문에 충분히 이해해요. 하지만 잘 알아보니 오해가 맞더라고요.

우리나라의 대표적인 통신사로는 KT, SKT, LGU+가 있어요. 편하게 통신 3사라고 부를게요. 정말 큰돈을 들여 전국 곳곳에 통신시설을 설치하고, 통신상품을 팔고 있죠. 그런데 알뜰폰 사업자는 물리적인 시설이 없어요. 대신 통신 3사가 구축한 통신시설을 임차, 즉 빌려서 써요. 통신 3사의 시설을 빌려다 그대로 쓰기 때문에 품질 차이는 있을 수가 없어요. 내가 KT망 알뜰폰을 쓰는데 느리다는 건 KT망 자체가 느리다는 말과 같아요. 알뜰폰이라서 느린 게 아니랍니다.

그러면 왜 저렴할까요? 말했듯이 통신망 구축비용은 매우 비싸요. 그런데 그걸 빌려서 판매하니까 요금 자체가 낮은 거죠. 시설비가 없으니까요. '그럼 통신 3사는 그걸 왜 빌려줘?' 자연스럽게 이런 의문이 들 거예요. 긴 얘기를 요약하자면 망 구축비용이 비싼 만큼 그걸 할 수 있는 사업자가 한정되어 있을 거잖아요. 그래서 망을 가진 업체들이 시장을 독점하는 게 문제가 될 수 있어요. 가격이나 서비스 등을 업체가 마음대로 할 수 없도록 정부에서 관여해 경쟁 활성화를 유도하고, 사용자들의 선택권을 확대하기 위해 알뜰폰을 만든 거예요. 정부에서 밀어붙이니 통신 3사도 어쩔 수 없이 따르는 거죠. 그러니까 우리는 그걸 잘 활용 하기만 하면 돼요. 사용자인 우리로서는 가격 면에서 이득 이고, 합법적이고, 품질도 같은 거죠.

알뜰폰은 가격 말고는 혜택이 없다는 말을 들었다고 요? 이건 반은 맞고 반은 틀려요. 통신 3사 같은 멤버십은 없어요. 통신망을 빌려 쓸 뿐이지 다른 회사거든요. 근데 생각보다 통신 3사 멤버십 혜택을 알뜰히 다 찾아 쓰는 사 람은 많지 않아요.

영화 예매권이 나오기는 하지만 차라리 매달 나가는 통신비를 훨씬 더 저렴하게 하고, 내 돈으로 영화 보는 게 나을 수 있어요. 게다가 알뜰폰도 요즘은 사은품을 잘 챙겨 주더라고요. 알뜰폰 업체들도 고객들이 멤버십이 없어서 아쉬워한다는 거 당연히 알거든요. 그래서 고민을 많이 한 것 같아요. 사은품은 회사마다 시기마다 다 다르니까 홈페 이지에 들어가서 꼼꼼하게 확인한 후 선택하세요.

알뜰폰의 명확한 장점 하나만 더 전하고 마무리할게요. 진짜 좋은 건 약정이 없다는 거예요. 일부 알뜰폰 회사들이 휴대폰과 약정 요금제를 묶어서 통신 3사처럼 팔기는 하지만 유심 요금제 자체가 진짜 다양해요. 많은 사람이 좋다고 말하는 것도 이 유심 요금제고요. 가끔 파격적인 할인을 해주는 대신 몇 개월간 유지해야 하는 조건이 붙는 프로모션 요금제도 있긴 해요. 이건 가입할 때 안내되니 그때 잘 확인하세요. 그때그때 정책이 다르니까 이벤트 페이지를 잘 확인하고 가입하면 헷갈릴 게 없어요.

약정이 없다는 게 왜 좋을까요? 보통 통신 3사에서 구매하면 최소 2년은 약정으로 묶이잖아요. '우리가 좀 할인해 줄 테니 2년 동안 써라' 이거죠. 그 전에 해지하면 위약금을 내야 하고요. 하지만 알뜰폰은 할인을 조금이 아니라 많이 해주는데, 위약금 없이 언제든 해지할 수 있어요. 내가 3개월만 쓰고 나올 수 있다? 이거 엄청난 거거든요. 알뜰폰은 프로모션이 자주 바뀌어서 다른 회사에서 더 좋은 가격대의 프로모션이 나올 때가 많아요. 약정이 없으니 그럴 때 부담 없이 갈아탈 수 있다는 측면에서 아주 좋지요.

처음이라면 알뜰폰 회사도 많고, 요금제도 많고, 프로모션 종류도 다양해서 도대체 어떻게 요금제를 찾아야 하는지 당황스러울 거예요. 나에게 맞는 요금제를 찾는 방법

은 '모요'라는 사이트를 이용하면 돼요. 평소에 사용하는 데이터, 전화 제공량을 입력하면 알뜰폰 회사별 요금제가 쭉 떠요. 원하는 데이터 제공량을 선택한 후 낮은 가격순으로 보면 나에게 맞는 요금제를 선택할 수 있죠. 조건을 잘 읽어보고 합리적인 가격대를 찾아서 신청하기만 하면 됩니다.

지갑을 잠글 때 꼭 필요한 3가지

지금까지 예산을 세우고, 지출을 요령껏 막는 방법을 알아봤어요. 이제 거의 다 왔습니다. 지금부터 말하는 3가지만 잘 챙기면 흔들림 없이 이 시기를 보낼 수 있을 거예요. 소비를 통제할 때만큼은 꼭 지켜야 하는 습관이니 적용해 보세요.

저는 즐기면서 행복하게 저축해야 한다고 생각하는데, 다른 재테크 책에서 하는 말과 달라서 이 방법을 전해야 할지 조심스러웠어요. 물론 악착같이 하면 시드머니 모으는 기간을 앞당길 수는 있을 거예요. 하지만 아무리 고민해도 재테크 마인드를 갖추고, 다음 단계를 공부하며 더 탄탄하고 길게 나아가는 게 우리에게 필요한 길이라는 생각에는 변함이 없더군요. 그 방법을 용기 내서 공유해 볼게요.

첫 번째, 가계부는 꼭 쓰자!

가계부를 작성하지 않을 때 이런 일이 있었어요. '와, 이번 달에는 한 번에 5만 원 넘는 돈은 쓰지 않았어. 많아 봐야 3~4만 원이었다고! 이번 달은 정말 잘했어!' 하고 기분 좋게 카드 결제내역을 확인했죠. 근데 총액을 보니 오히려 지난달보다 더 큰 액수가 나왔더라고요. '카드사도 실수라는 걸 하는구나. 역시 내 돈은 내가 잘 지켜야 해' 하면서 그 아래에 있는 세부 지출내역을 하나하나 다 더해봤어요.

결과는 어땠을까요? 네, 다 제가 쓴 돈이 맞았어요. 큰 돈을 지출하지 말자는 생각에만 사로잡혀서 새어 나가는 돈들을 챙기지 못했던 거죠. 돈을 모을 때는 티끌 모아 태산이라는 말이 그렇게 와닿지 않더니, 티끌이 나가기 시작하니까 태산이 되는 게 맞더라고요. 이런 실수를 반복하지 않기 위해 가계부가 필요해요. 가계부를 작성하면 이런 티끌까지도 제대로 확인하고 잡을 수 있으니까요.

또한 나만의 맞춤 예산을 제대로 정할 수 있다는 장점도 있어요. 앞에서 예산 세우는 방법을 알아봤지만 그건 80%에 불과해요. 내가 세운 내 예산이긴 하지만 '맞춤'이 빠졌거든요. 말하자면 이런 거예요. 소비통제 단계 초반에 저는 아침에 테이크아웃해서 마시는 아메리카노 비용을 예산으로 잡아놨어요. 출근할 때 마시는 커피 한 잔이 너무 좋아서 포기할 수 없었거든요. 총지출비용은 맞춰야 하니까 커피값을 두둑하게 잡는 대신 식비를 적게 잡았죠. 그렇게 몇 달 지내고 보니 저는 점심시간에 맛있는 메뉴를 못 고르는 게 더 스트레스인 사람이더라고요. 연어덮밥을 먹고 싶은데, 예산상 제일 저렴한 가츠동을 먹어야 했죠.

다음 달부터는 커피 예산을 줄이고, 식비를 늘려서 다시 지내보기로 했어요. 커피는 출근할 때 커피숍에서 테이크아웃하는 게 아니라 회사에 있는 커피머신을 이용하기로 셀프 타협한 결과였지요. 대신 점심때 연어덮밥을 먹고 싶으면 먹었어요. 그랬더니 확실히 행복하더라고요.

지금도 비싼 커피숍에 가지 않고, 동네에서 가장 저렴한 커피숍을 가거나 집에서 타 먹고 있어요. 대신 식비는 넉넉하게 잡고 있죠. 가계부를 쓰면 나만의 '맞춤' 예산을 찾을 수 있다는 게 바로 이 이야기였어요. 또, 가계부를 쓰며 조금 더 저 자신과 친해지는 느낌이 들었어요. 내가 뭘 할 때 더 즐거운지, 뭐가 덜 소중한지 명확히 알게 됐달까요?

두 번째, 결국 주변을 바꿔야 해요

예산을 세워본 사람이라면 딱 공감하겠지만 생활이 그다지 여유롭지 않아요. 한마디로 쪼들리죠. 그러니 이 기간만큼은 주변을 잠시 바꾸는 게 좋아요. 이 기간을 더더욱 짧게 지나가고 싶다면 말이죠. 같이 노는 친구들에게 "나, 언제까지 얼마를 모으는 게 목표야. 그때까지 생활비가 빡빡해서 예전처럼 놀지는 못해. 조금만 이해해 주라"라고 말하면 받아줄 거예요. 그렇게 말했는데도 계속 만나서 술 먹자고 하고, 비싼 곳에 가자고 하는 친구와는 잠시 거리를 두는 게 좋아요. 친구가 계속 그러면 흔들릴 수밖에 없거든요.

지금은 주변을 저축할 수 있는 환경으로 바꿔야 할 때라서 그래요. 여기서 오해하면 안 되는 건, 평생 이렇게 지내라는 말이 아니라는 거예요. 저축으로 시드머니를 만들어야 다음이 있으니까 이 단계에서는 집중하자는 거죠. 이때 가장 좋은 건 함께 버틸 동료를 만드는 거예요. 기본 단계이기도 하고, 오래 걸리기도 해서 이 단계에 있는 사람을 생각보다 쉽게 찾을 수 있어요. 네이버 카페 같은 커뮤니티에 가입해 '나와 비슷한 시기를 열심히 보내는 사람들이 많구나'라고 느끼는 것도 좋은 방법이고요.

주변을 바꾸라는 건 모든 관계를 끊으라는 게 아니라, 이 환경에 집중할 수 있도록 잠시 대체하자는 말이에요. 예전에는 뷰티나 여행 유튜브를 즐겨 봤다면, 앞으로는 지금 상태에 동기부여가 될 재테크 유튜브를 구독하거나 재테크 서적을 읽는 것도 좋아요. 유명한 투자자들 역시 투자 전에 내가 겪고 있는 이 시기를 거쳤다는 걸 알게 될 거랍니다. 그렇게 힘을 얻고, 딱 집중해서 이 단계를 멋지게 통과했으면 좋겠습니다.

세 번째, 절약할 때는 J처럼!

우리 또래라면 MBTI 모르는 사람은 거의 없죠? MBTI로 사람을 명확히 나눌 수는 없다고 생각하지만, 어떤 특징을 전하기엔 편하니 말해볼게요. 돈을 모으는 시기에는 J처럼 사는 게 좋은데요. J는 계획형, 그 반대 유형인 P는 즉흥형이라고들 하잖아요. MBTI 테스트를 해볼 때마다 항상 J 유형으로 뜨는 저는 절약할 때 이 성향의 도움을 꽤 받았어요.

혼자 어디를 가거나 누군가와 약속이 있는 날이면 장소와 메뉴를 어느 정도 정하고 가는 습관이 있어요. 예를 들어 밖에서 약속이 있으면 약속 전에 그 근방에서 가장 괜찮은 집을 찾아봐요. 가격, 맛, 분위기, 리뷰 등을 기준으로 검색해 보는 거죠. 어떤 곳은 분위기는 괜찮은데 가격이 너무 터무니없기도 하고, 어떤 곳은 가격은 괜찮은데 맛 평가가 좋지 않기도 했어요. 가격이 너무 비싼 곳은 당연히 걸렀지요. 그렇게 사전 검색을 통해 제일 괜찮은 곳을 찾아내 방문하면, 만족도도 높고 지출도 적당히 할 수 있어 좋았어요.

조금만 귀찮으면 만족도와 생활비 두 마리 토끼를 동시에 잡을 수 있으니까 더할 나위 없다고 생각해요. 어차피 돈 쓰는 거, 최고의 지출처를 찾는 게 조금 더 행복하게 이 시기를 지낼 방법 아닐까요?

하루 5분 가계부 쓰는 방법

지금도 매일 하는 것, 바로 '가계부 쓰기'입니다. 예산을 짜고, 가계부를 쓰지 않으면 예산을 열심히 짠 게 다 무용지물이 돼요. 소비통제에 중요한 역할을 하는 가계부를 어떻게 쓰는 건지 알아볼 차례가 됐네요. 매일 밤 5분, 월급날 10분 딱 이렇게만 투자하면 돼요. 생각보다 간단하죠? 카드내역이 연동되는 '뱅크샐러드, 편한가계부' 같은 앱을 사용하면 훨씬 편해요.

{ 매일 밤 5분 : 당일 예산 되돌아보기, 카테고리 정리 }

당일 지출한 비용을 해당하는 카테고리로 분류한다

카드내역이 연동되어 자동으로 리스트에 추가되지만, 카테고리에 분류하는 건 직접 해야 해요. 하루 이틀 카테고리 분류 작업을 미루다 보면 '이때 이 돈을 어디에 쓴 거지?' 하는 비용이 생겨요. 그래서 당일 쓴 돈은 당일에 분류하는 게 가장 좋지요.

더 아낄 수 있었으나 지출한 비용에 대해서는 반성한다

예상하지 못한 지출이 있다면 예산 탭을 확인해요. '남은 기간에는 이 카테고리 지출에 더 신경 써야지' 하면서 스스로 머릿속에 인식해 두면 좋아요.

목표한 대로 잘 지출했다면 칭찬도 꼭 한다

나와의 약속을 지킨다는 게 말처럼 쉽지 않아요. '꼭 지키는 건 당연한 거야'라는 생각도 좋지만, 잘 지킨 날에는 '오늘 너무 잘 했다'라고 스스로 꼭 칭찬해 주세요.

{ 월급날 10분 : 지난달 지출 되돌아보기, 이번달 예산 세우기 }

예산 탭을 확인해 지난달 지출 점검하기

예산에 비해 지출이 너무 많은 카테고리가 있다면 지출내역을 찬찬히 확인해 보세요. '예산을 너무 적게 잡았는지' 혹은 '예산은 적당한데 지출 통제가 안 된 건지' 이유를 찾아야 해요. 지출 통제가 유독 안 되는 카테고리는 뭔가 대책을 세워야겠죠? 너무 걱정하지 않아도 좋은 게 가계부 관리 초기에는 대부분 적절한 예산을 못 잡는 경우가 많아요. 매달 지출내역과 전체 예산을 확인하며, 카테고리별로 적절한 예산을 찾아가는 과정이 필요하죠. 처음 몇 번만 반복하면 거의 예산을 건들지 않아도 되는 때가 반드시 오니 포기하지 마세요.

가계부 한 달 주기는 월급날로 맞추는 게 가장 좋아요. 월급날 예산을 정하고, 그에 맞춰 통장 쪼개기를 하면 더욱 촘촘한 관리가 가능하답니다. 예를 들어 통신비나 멜론 부분에 초과 요금이 나왔다면 이유와 대책을 세워보는 거예요. "확인해 보니 이전 달에 나가지 않은 통신비가 이번 달에 합산 청구된 거였어! 전 달에 나가야 했던 금액이니까 지난달 금액에 추가하고, 이번 달 비용도 수정하자." 또 유튜브 부분에 초과요금이 나왔다면 "이번 달에 카메라 삼각대를 샀더니 초과네. 매번 있는 비용은 아니지만 예산을 5만 원까지 늘려볼까?"라고 생각해 보는 거죠.

이번 달 예산 세우기

이번 달 예산을 세울 때 가족이나 지인의 경조사가 있는 건 아닌지 확인해야 해요. 이런 행사가 있는 달에는 경조사 예산을 늘리고, 다른 카테고리를 살짝 조정하면 됩니다. 5% 정도 여유 있게 설정하면 쫓기는 느낌 없이 생활할 수 있을 거예요.

예산을 너무 많이 잡았나?
예산 조정 여부 고민!

지출 통제가 안 됐나?
세부내역 확인!

출처: 뱅크샐러드

지금 읽기 시작하면 딱 좋은 경제 주간지

재테크에 본격적으로 입문하면 모든 게 어렵고 배워야 할 게 너무 많다는 느낌이 들 수 있어요. 각종 투자책도 읽어야 할 것 같고, 멀리했던 신문도 봐야 할 것 같고 말이죠. 이번에는 이런 고민을 말끔히 정리해 볼게요. 재테크 입문 단계에서 가장 좋은 건 투자책도 신문도 아닌 경제 주간지예요. 주간지는 말 그대로 주 단위로 발행되는 잡지잖아요. 매주 한 번씩만 보면 되고, 15~20분이면 읽을 수 있는 분량이라 전혀 부담스럽지 않다는 것도 장점이에요.

매일 발행되는 일간지인 신문과 비교하면 금방 이해할 수 있을 거예요. 맘먹고 신문을 읽기 시작해도 초반에는 생소한 단어에 중간중간 막혀서 굉장히 오랜 시간이 걸려요. 뭐가 중요한지 구별할 수 없으니 처음부터 끝까지 샅샅이 잘 '읽어내고' 싶어 하죠. 그러다 보면 매일 오는 신문이 어느새 부담스럽고, 야심 차게 시작한 신문 읽기도 결국 금방 포기하게 돼요. 흥미가 생겨야 더 오래 재미있게 할 수 있잖아요. 그래서 세상과 재테크에 흥미를 더해줄 경제 주간지를 추천하는 거예요.

저도 그렇고 우리 세대는 요약을 참 좋아해요. 영상을 볼 때면 댓글 스크롤을 내려 댓글에 요약 정리된 것이 있는지를 먼저 확인하는 '요약의 세대'죠. 매일의 이슈를 어느 정도 요약해 준 신문보다 더 요약한 느낌이 드는 게 바로 이 주간지예요. 한 주간의 주목할 만한 경제 이슈를 다루니까요. 이미 그것만으로도 합격인데, 주목할 만한 이슈를 '심층적으로' 취재해서 보여주기까지 하죠. 가독성 좋은 레이아웃과 알찬 참고 자료들과 함께 말이죠. 완전 합격 아닌가요?

퇴근 후 소소하게 즐기는 저녁 메뉴 중 하나였던 치킨이 물가 상승에 따라 값이 꽤 올랐어요. 기본 프라이드 치킨이 2만 원대까지 올라가자 당시 여론이 안 좋았는데요. 얼마 뒤 홈플러스에서 무려 6,990원짜리 통큰치킨이 나왔죠. 사람들이 줄을 서서 구매할 정도로 인기가 많았어요. 경제 주간지는 이런 이야기를 할 때, 사실을 전달하는 것에서 끝나는 게 아니라 이러한 PB 제품의 속사정에 대해서도 일목요연하게 정리해 줘요. 빛만 보여주는 게 아니라 그림자까지 알려주니까 어떤 일이 있을 때 '아, 이런 쪽에도 영향이 가겠구나'라고 사고할 수 있게 되더라고요. 세상을 더 넓은 시야로 볼 수 있게 만들어주는 점이 가장 좋았어요.

어떤 업종의 장사가 왜 잘 안되는지, 사람들이 열광하는 사업은 무엇인지부터 열정적으로 살아가는 젊은 사업가들의 이야기까지 다 읽고 나면 정신이 번쩍 들어요. 다양한 직군의 이야기와 평균 연봉을 다룬 기사도 볼 수 있는데, 다 보면 '재테크를 정말 열심히 해야겠다'라는 생각이 들 수밖에 없어요. 퇴근 후 드라마를 즐겁게 보는 것도 좋고 게임도 좋지만, 우리의 현실을 다룬 글도 챙겨 보는 건 어떨까요? 가끔은 현실이 너무 차가워서 속상하기도 한데요. 한편으로는 '이걸 하루빨리 깨닫고 움직일 수 있어서 다행이다'라는 생각도 들어요.

책과의 대표적인 차이는 경제 주간지가 최근의 이슈를 다룬다는 점이에요. 부가적이긴 하지만 이게 동료들이나 친구들과 대화할 때 대화의 질을 높인다는 장점도 있더라고요. 개인적으로 하나의 주제를 놓고 말해도 말할 '거리'가 많은 사람이 멋있다고 생각해요. 다양한 배경지식을 갖추고, 나와 함께하는 사람의 세상을 확장할 수 있다는 게 참 멋져 보여요. 훗날 내 아이들이 생기면 그런 부모가 됐으면 좋겠다는 마음으로 더 열심히 챙겨서 보게 되는 것 같아요. 장점이 많죠? 재테크 마인드를 잘 정립해야 하는 시기인 여러분에게도 많은 도움이 될 거예요. 대중교통을 타거나 휴대폰으로 할 일이 없을 때 가볍게 읽기에 딱 좋아요.

신문보다 조금 더 쉽다고는 했지만, 아예 기초적인 내용만 다루는 건 아니라서 어려울 수 있어요. 특히, 지금까지 관심을 두지 않았던 재테크가 주제라면 더더욱 어렵죠. 그래서 처음엔 목차를 먼저 보고, 목차 중 흥미를 끄는 기사 위주로 읽는 걸 추천할게요.

꼭 모든 내용을 다 내 것으로 만들지 않아도 괜찮아요. 하나씩 천천히 견문을 넓혀간다는 생각으로 접근하는 것이 좋아요. 한 주제에 대해 이해와 깊이가 생기면, 다음에는 다른 주제의 기사도 하나 읽어보는 거죠. 그렇게 쌓아가는 게 더 단단하고, 오래 가는 길이라고 생각합니다.

단, 기사의 내용을 곧이곧대로 받아들일 필요는 없어요. 주간지뿐만 아니라 우리가 접하는 기사 대부분에는 데이터가 함께 제공돼요. 옆에 구체적인 데이터가 있으니 기사 내용에 대한 신뢰도가 높아지겠지만, 그만큼 오류가 있을지도 모른다는 걸 기억해야 해요. 어떤 숫자를 그래프로 나타낼 때 기준이 무엇이냐에 따라 더 극대화되어 보일 수도, 더 작게 보일 수도 있거든요. '이게 정말일까?' 싶은 생각이 든다면, 해당 주제에 관한 다른 기사나 다른 해석을 여러 개 찾아서 읽어보세요. 그러면 보다 선명하게 진짜 상황을 알 수 있게 된답니다.

경제 주간지를 보는 방법은 크게 3가지가 있어요.

첫 번째, 직접 구독하기입니다. 각 경제잡지사에 직접적으로 구독 신청을 해 오프라인 잡지로 받아보는 방법이에요. 하지만 세 곳을 다 구독하기에는 가격 면에서 부담스러우니까 '꼭 종이로 받아서 읽고 싶다'는 사람이 아니면 추천하지 않습니다.

두 번째, 밀리의 서재 구독하기입니다. 저도 이 방법으로 경제 주간지를 보고 있고, 가장 추천하고 싶은 방법이기도 해요. 월에 1만 원 미만의 금액으로 추천하는 경제 주간지 TOP 3뿐만 아니라 그 외 다양한 분야의 잡지들과 책까지 모두 볼 수 있으니 더 좋죠. 앱이라서 스마트폰만 있으면 언제 어디서든 편하게 볼 수 있다는 장점도 있어요.

세 번째, 도서관 매거진 앱 활용하기입니다. 우선 국립중앙도서관 홈페이지에 들어가 신규 가입하세요. 그다음에 도서관 매거진 앱을 실행한 후 국립중앙도서관 아이디로 접속하면 잡지를 무료로 읽을 수 있어요.

뽕글UP 추천하는 경제 주간지 TOP 3

경제 주간지가 좋다고는 했지만 그렇다고 모든 경제 주간지를 추천하는 건 아닙니다. 너무 CEO 중심의 인터뷰 위주거나, 기업 홍보물 읽는 느낌이 드는 주간지도 있거든요. 그동안 참 많은 주간지를 읽었는데, 그중 딱 우리 세대에 필요할 것 같은 주간지 TOP 3를 선정해 보았습니다.

이코노미 조선
- 기사 수준 굿!
- 사회, 시사, 글로벌 경제이슈 중심
- 투자에 대한 내용이 셋 중에는 가장 적음
- 세상을 이해하는 데 도움이 됨

한경비즈니스
- 구성이 최고! 분배가 잘 되어 있음
- 글로벌 주간 핫뉴스를 한 페이지로 정리해 주는 코너가 굿!
- 부동산, 주식, 비트코인 내용이 셋 중에는 가장 많음
- 독자에 따라 어렵게 느낄 수 있음

더스쿠프
- 개인적으로 최애!
- 빛과 그림자를 함께 보여주는 잡지
- 기획 기사, 시리즈 기사가 있음
- 재테크 고민 답변 코너도 있어서 도움이 됨

무리해서 많은 금액을 저축하면
절대 저축을 즐겁게 할 수 없어요.
변한 소비 패턴에 적응할 시간을 주며 조금씩
저축액을 늘리는 게 가장 좋아요.

PART 3

저축도
이제는

똑
부러지게!

선저축 후지출은 재테크의 기본

Part 2에서 소비통제 하는 방법을 알아봤지만 선저축 후지출 습관이 생기지 않으면 모든 게 다시 처음으로 돌아갈 확률이 높아요. 재테크에서는 무조건 저축이 먼저고, 그다음이 지출입니다. 월급을 받으면 무조건 저축부터 하고, 저축하고 남은 돈으로 지출하는 거죠. 지출 습관이 제대로 잡혀 있지 않은 사람이라면 특히 더 필요한 부분이에요.

강제성을 살짝 부여해 보세요. 다이어트할 때도 밥을 큰 그릇에 먹기보다는 작은 그릇에 덜어 먹으라고 하잖아요. 그것과 비슷해요. 평소에 밥을 많이 먹지 않는 사람도 양푼에 들어가 있는 비빔밥은 어느새 다 먹게 되는 것처럼, 입출금 계좌 안에 있는 돈도 마찬가지예요. 많이 들어 있으면 그만큼 고민을 더 안 하고 지출하게 될 수밖에 없더라고요.

제게 첫 월급이 그랬어요. 직장 다니기 전에는 고등학생이었으니까 그 당시에는 용돈을 한 달에 5만 원 받았거든요. 그때는 조금 모자라도 그 돈으로 잘 살았는데요. 취업하고 나서는 무려 161만 원이라는 돈을 받게 됐어요. 한 달에 5만 원으로 생활하던 저한텐 상상도 못 할 정도로 큰 돈이었죠. '첫 월급은 그동안 고생했으니 쓰자!'라는 생각으로 쓰기로 결심했어요. 그러면서도 '그동안 5만 원으로도 잘 지냈는데, 이 많은 돈을 다 쓸 수 있을까?' 했죠. 세상에! 한 달도 되기 전에 그 돈을 다 써버리더라고요.

옷도 별로 안 사다가 '통장에 아직 150만 원이 있으니까 이쯤이야 써도 되지!' 하면서 예정에 없는 옷도 10만 원어치 정도는 편하게 쇼핑했고요. 밥도 평소에는 상상도 하지 못하던 곳에 별다른 생각 없이 지인들을 다 데리고 가서 썼던 것 같아요. 그렇게 단기간에 거액을 써도 심리적으로 완벽한 만족감이 들지 않았다는 게 포인트예요. 고민해서 쓴 게 아니라 그냥 어영부영 쓰다 보니 다 써버린 거랄까요. 그렇게 많은 돈을 다 썼다는 생각에 오히려 회의감이 들었어요. 통장에 돈을 많이 넣어두면 안 되겠다는 걸 깨달은 게 이때였어요.

약간의 강제성을 부여해서 저축부터 먼저 하고, 나중

에 지출하는 습관을 들이면 목돈 모으기는 정말 식은 죽 먹기예요. '월급 받고 바로 저축하라는 거 아닌가? 별거 없네'라고 생각할 수도 있지만, 재테크에서 가장 중요한 3가지를 꼽으라고 하면 그중 하나라고 할 수 있을 만큼 중요한 내용이에요.

소비를 줄이기로 한 처음에는 의욕이 넘쳐서 평소 저축액을 훨씬 상회하는 금액을 저축하려고 할 수도 있어요. 미리 말하지만 처음부터 무리해서 많은 금액을 저축하면 절대 저축을 즐겁게 할 수 없어요. 변한 소비 패턴에 적응할 시간을 주며 조금씩 저축액을 늘리는 게 가장 좋아요. Part 2에서 내 소비 패턴을 정확히 알게 됐잖아요? 이제는 그거에 맞춰서 저축액을 정해볼 차례예요.

어떤 통장에 얼마를 저축해야 할까?

소비를 줄여서 열심히 돈을 모으고는 있는데, 그 돈을 어떻게 보관해야 할까요? 주식계좌를 열어서 투자해 두면 될까요? 틀린 건 아니지만, 이 단계에서 바로 투자하는 건 권하지 않아요. 이제 막 소비가 통제되고, 특정 카테고리별로 얼마를 지출하는지 알게 됐을 뿐이니까요.

아직은 소비 습관 잡는 걸 1순위 과제로 두고, 재테크 마인드를 갖추는 게 중요해요. 예전에는 투자는 무조건 위험한 거로 생각했어요. 그런데 '왜' 위험한지 구체적인 근거는 말할 수 없었죠. '투자는 위험하다'라는 주변 말만 듣고 제대로 알아보려고 들진 않았던 것 같아요. 대부분 처음에는 비슷해요. 그래서 재테크를 할 때 어떤 마인드를 가져야 하는지, 투자가 왜 필요한 영역인지를 스스로 깊게 이해하는 게 중요하더라고요. 그래도 모은 돈을 일반 입출금 계좌에만 넣어두는 건 정말 아깝겠죠? 그러니 모은 돈은 이렇게 관리해 보세요.

주택청약: 10만 원

주변에서 '청약통장은 꼭 만들어야 한다'라고 하도 많이 들어서 직접 만들었을 수도, 어렸을 때 부모님이 만들어주셨을 수도 있어요. 만약 지금 청약통장이 없다면 일단 만드는 게 좋아요. 집을 마련한다는 게 아직은 남의 이야기 같겠지만, 시세보다 저렴하게 집을 마련할 수 있는 얼마 안 되는 기회인 것만은 확실하거든요.

뒤에서 청약에 대해 좀 더 자세히 알아볼 텐데, 미리 말하자면 꽤 괜찮은 지역에 1순위 청약을 하려면 '가입 후 2년 경과, 24회 이상 납입'이라는 필수조건 2가지를 충족해야 해요. 여기에 '자이, 힐스테이트, 더샵' 같은 민영 아파트에 지원하려면 지역/면적별 예치금액이라는 것도 충족해야 하고요. 금액을 10만 원으로 잡은 건 LH, SH에서 지은 국민주택 청약에서 유리한 포지션으로 가기 위해서예요. 1회 10만 원까지만 인정되니까요. 청약통장을 써먹든 안 써먹든 그건 나중에 결정해도 되니 일단 만들어두고 생각해도 손해 볼 것 없답니다.

민영주택 지역/면적별 예치금

구분	서울/부산	기타광역시	기타 시/군
85m² 이하	300만 원	250만 원	200만 원
102m² 이하	600만 원	400만 원	300만 원
135m² 이하	1,000만 원	700만 원	400만 원
모든 면적	1,500만 원	1,000만 원	500만 원

파킹통장(예비 저축통장): 20~30만 원

급히 돈 쓸 일이라도 생기면 애써 유지하고 있는 적금을 깨는 경우가 적지 않아요. 소비통제를 처음 시도할 때 가장 많이 일어나는 일이기도 하죠. 이럴 때는 적금을 깨는 게 아니라 예비 저축통장에 있는 돈을 활용해야 해요. 급한 상황에 대비하기 위한 통장을 따로 준비하는데, 이런 용도로 쓰기엔 파킹통장이 더 좋으니 추천할게요.

'파킹통장'이란 주차장에 차를 세워놓듯 언제든지 돈을 넣고 인출할 수 있는 예금 통장을 말해요. 일반 수시 입출금 통장과 비슷한 듯 보이지만, 결정적으로 2% 이상의 이자를 받을 수 있다는 차이가 있어요. 흔히 아는 수시 입출금 통장의 이자는 연 0.1%니까 파킹통장과 비교도 할 수 없죠.

파킹통장의 또 다른 장점은 금융기관별로 5천만 원까지 예금자 보호가 된다는 거예요. 네이버 같은 포털사이트에 '파킹통장 금리'를 입력한 후 최근 한 달로 검색해 보면, 잘 정리된 글들이 많이 나와요. 한 번 확인해 보고 제일 좋은 걸로 이용하면 되겠습니다.

그래도 잘 모르겠다면 케이뱅크·카카오뱅크·토스뱅크의 파킹통장을 활용해 보세요. 이 3사는 2022년 10월부터 금리를 인상했어요. 꼭 이곳들이 아니더라도 최근 기준금리 인상으로 은행 간 금리 경쟁이 치열해서 파킹통장을 이용하기에는 요즘이 적기라고 할 수 있답니다.

1년 이하 특판 적금: 나머지

적금 이야기야 많이 들어봤겠지만, 그중에서도 특판 적금을 노려보세요. 청약, 파킹통장에 넣는 돈 말고는 다 특판 적금으로 묶는 거죠. 투자처럼 원금 손실 위험도 없으면서, 일반 적금보다 수익이 더 좋은 방법이에요. 물론, 만기 전에 해지하면 이자를 거의 받지 못해요. 이것 덕분에 해지가 쉽지 않죠. 해지 절차가 어렵다는 게 아니라, 해지하면 이자가 거의 없으니 웬만하면 유지하고 싶은 게 사람 마음이라는 말이에요. 돈을 끌어다 쓰지 않는 습관을 들여야 하니까 돈을 모으는 단계에서는 이런 게 꼭 필요해요. 적금을 통해 돈이 쌓이는 재미를 먼저 느껴 보길 바랄게요.

특판 적금이 일반 적금보다 수익이 더 높다고 말한 이유는, 조금 더 높은 금리가 적용되기 때문이에요. 이왕 돈을 묶어 놓을 거, 조금이라도 더 높은 금리를 주는 적금에 가입하는 게 좋잖아요? 게다가 금리 인상 시기에는 적금 금리도 더 올라갈 수 있어서 괜찮은 특판 상품이 나올 가능성이 커요. 파킹통장과 마찬가지로 '특판 적금'으로 검색한 후 최근 한 달로 조회해 보세요. 특판은 말 그대로 '특별 판매' 느낌이라서 단기간에 소진될 수 있어요.

팁을 하나 주자면 괜찮은 특판 적금이 나올 때마다 추천해 주는 전문 블로그를 이용해 보세요. 그런 블로그 몇 곳을 찾아두었다가, 자주 들어가서 소식을 들으면 좋아요. 단, 특판으로 나왔다고 다 좋은 조건은 아니니까 주의가 필요해요. 시기마다 금리가 다르니 요즘은 어느 정도 금리의 특판이 적절한지 기준을 알고 있으면 옥석 가리기가 수월할 거예요.

기간은 1년 이하인 상품에 가입하세요. 계속 이 단계에 머물러 있을 게 아니라서 그래요. 모으는 단계에서 적금을 활용해 적당한 시드머니를 마련했으면, 또 다음 단계로 넘어가야 하니까요. 본인 기준에 따라 다르겠지만 1년 이하를 권할게요.

통장은 쪼개면 쪼갤수록 이득

소비를 줄일 때도, 저축할 때도 통장은 각 목적에 따라 쪼개서 사용하는 게 중요해요. '통장 쪼개기'라는 말은 들어서 알고는 있는데, 뭘 어떻게 해야 하는지는 모를 수 있어요. 앞에서 모으고 있는 돈을 주택청약, 파킹통장, 특판 적금에 저축하라고 말한 것처럼, 모으는 단계에서 사용할 통장 몇 가지에 대해 더 알아볼게요.

월급 통장

말 그대로 월급이 들어오는 통장입니다. 월급 통장에는 급여 외에는 아무것도 없어야 해요. 정확히 말하자면 급여가 스쳐 지나가는 통장이죠. 급여를 받았다면 당일에 적금 계좌나 예비 저축통장으로 옮깁니다. 생활비는 바로 생활비 통장으로 옮기고요. 월급 통장과 생활비 통장을 함께 쓰다 보면 어느 순간 저축할 돈이 꽤 사라져 버렸다는 걸 알게 될 거예요. 쓰고 남는 돈을 저축하는 게 아니라, 저축부터 하고 남은 돈을 쓰는 거라고 했던 거 기억하죠? 월급 통장 은 보통 회사가 지정한 것을 써야 하니 그냥 스쳐 가는 용 도로만 두면 되겠습니다.

생활비 통장(메인)

월급날, 생활비 통장에 남은 돈이 있다면 다 예비 저축통장 으로 옮기고, 새로운 생활비를 넣어서 한 달 동안 생활하는 거예요. 만약 신용카드를 쓴다면 '카드 즉시결제' 기능을 활용해 생활비 통장에 있는 돈이 바로 빠져나가도록 해두 세요. 생활비로 쓰는 돈은 최대한 체크카드처럼 쓰는 게 좋 거든요. 생활비 통장 역시 '예비 저축통장'처럼 파킹통장을 활용하세요. 생활비 통장에 손이 가장 많이 가니 나한테 가 장 편한 파킹통장을 선택하면 됩니다.

식비/커피 통장(서브)

생활비 통장 중에서도 식비/커피 통장만큼은 따로 만들라 고 권할게요. 생활비 통장의 서브가 되겠습니다. 이때의 식 비/커피는 직장인이라면 평일 점심, 평일 커피에 해당하니다. 도시락을 싸서 다닐 수 있다면 그렇게 하는 게 좋겠지만 사실 쉽지 않잖아요. 보통은 밖에서 사 먹게 되고, 동료들에게 커피를 사야 할 일도 생겨요.

그래서 저는 이 모든 비용을 계산해서 식비/커피 통장에 따로 넣었어요. 예를 들어, 식비는 '7,000원 × 그달의 근무 일수'로 정했죠. 직장 근처 물가가 비싸긴 하지만 가끔 저렴한 샐러드를 먹을 때도 있고, 팀 점심으로 먹을 때도 있으니까 평균 잡아 7,000원으로 정했어요. 이렇게 정하고, 하루하루 지날 때마다 당일에 쓴 돈을 식비/커피 통장에서 차감했어요.

되게 재미있던 게 아껴서 쓰면 어떤 달은 조금 돈이 남았어요. 그럼 그 돈으로 외식을 한 번 더 했는데, 그게 그렇게 행복하더라고요. 아꼈다고 해서 그 적은 돈을 더 저축하지는 않았어요. 물론 아낀 돈을 '필요없지만 일부러 썼다'가 아니라, '열심히 아껴서 맛있는 거 한 번 기분 좋게 먹었다'가 맞아요. 초과하지 않았으니까 나 자신에게 선물하는 거죠. 재테크에서는 이 과정이 정말 중요합니다. 채찍도 필요하지만, 잘했으면 당근도 있어야 하잖아요.

생활비 서브 통장인 식비/커피 통장을 따로 만들라고 추천했지만, 더 나눌 필요가 있다면 본인 판단하에 나누면 돼요. 아직 잘 모르겠다면 여기서 설명하는 대로만 나눠서 생활해도 충분하답니다.

행복비용 통장

한 달에 내가 진짜 행복을 느끼는 것에 쓰는 행복비용. 20만 원은 잡는 게 좋다고 앞에서 말했죠? 그런데 매달 행복비용 20만 원을 다 쓰는 건 아닐 거예요. 앞에서 저라면 행복비용을 엽기떡볶이 2번 배달시키고 여행에 쓴다고 했잖아요. 그 여행에 해당하는 비용이 바로 당장 안 쓰는 비용이에요. 매달 여행을 가는 게 아니라 몇 달 모아야 하니까 행복비용 통장을 만들어서 따로 넣어두는 거예요. 여행이라는 게 한 번 가려고 하면 큰돈이긴 하지만, 매달 고정적으로 모으면 일상에 큰 타격이 안 가거든요. 다른 목적이 있는 사람도 마찬가지예요. 행복비용을 쓸 날을 정해두고 따로 통장을 만들어두세요. 돈을 쓸 날에 따라 특판 적금, 파킹통장 중 선택해서 만들면 돼요.

저는 지금도 친구들과 함께하는 여행통장과 개인 여행통장 2개를 따로 만들어 돈을 모으고 있어요. 아직 처리해야 하는 일이 많아서 여행은 더 나중에 가겠지만, 매월 1회씩 여행통장으로 돈을 옮길 때마다 즐거운 기분이 든답니다. 말 나온 김에 더하자면 친구 통장을 만드는 것도 좋아요. 친구들 모임에서 많은 돈이 들어갈 일이 생기면 이 여행통장의 돈을 쓰기도 했어요. 서로 모은 돈 안에서 쓰는 거니까 좀 더 합리적으로 지출하게 되더라고요. 특히, 재테크를 할 때는 친구들과 노는 돈이 부담스러울 때가 있잖아요. 매달 만나지는 못하더라도 정기적인 금액을 함께 모아서 그 돈으로 노는 방법도 추천합니다.

우리나라에는 적금이 정말 많아요. 많은 적금 상품을 한눈에 보고 선택하고 싶을 때 이렇게 해보세요. 먼저 '금융감독원 금융상품통합 비교공시'를 검색해서 사이트에 들어가세요. 적금 상품을 봐야 하니까 '저축' 탭의 '적금'을 클릭해 보세요. 검색조건을 입력하는 화면이 나타나면 희망하는 매월 저축 금액과 저축 기간, 나머지 정보를 입력한 후 '금융상품 검색'을 클릭하세요.

결과가 나타나면 '최고 우대금리'를 클릭해 높은 순으로 확인하는 거예요. 괜찮아 보이는 상품을 클릭하면 상세 정보가 나타나 우대 조건 등을 자세히 살펴볼 수 있어요. 이자 금액을 보고 싶으면 한글, 엑셀, PDF, 워드 다운로드 기능을 활용해 보세요. 이 과정을 반복해 나한테 맞는 상품을 찾는 거예요.

네이버에서 검색해도 되지만 금융감독원 금융상품통합 비교공시 사이트가 더 보기 편해요. 앞서 말한 특판 적금도 조회는 되는데 실시간 반영은 안 되니까 이것만으로는 더 좋은 조건을 놓칠 수 있어요. 하지만 특판 적금 소식을 기다리는 게 힘들어서 얼른 적금 통장을 개설하고 싶은 사람이라면 여기에서 찾는 것도 방법이긴 합니다.

적금 필터값 설정 화면

출처: 금융감독원 금융상품통합 비교공시(https://finlife.fss.or.kr)

이제 어떻게 돈을 관리해야 하는 건지 감이 오죠? 월급이 들어왔을 때 곧바로 저축하고 그 이후에 소비통제를 잘했다면 아무 문제도 일어나지 않아요. 문제는 소비통제가 어렵다는 거죠. 소비통제가 되지 않아서 예비 저축통장의 돈을 활용하는 것까지는 어쩔 수 없지만, 적금을 깨는 것까지는 가지 않도록 노력해 보세요.

저축액이 천만 원 미만이라면?

저축액이 천만 원 미만일 때는 정말 집중해서 딱 천만 원까지만 모아보자고 말하고 싶어요. 0원부터 천만 원이 가장 힘들고, 천만 원부터 5,000만 원까지는 꽤 쉽거든요. 난이도로 따지면 천만 원 모으는 게 별 4개, 천만 원에서 5,000만 원 모으는 게 별 2개 느낌이랄까요? 천만 원까지는 아주 힘들지만 그이후부터는 수월해요. 제가 직접 해봐서 확언할 수 있어요.

    0원부터 천만 원까지 모으는 게 가장 힘든 이유는 아주간단해요. 그때가 소비 충동이 가장 심할 때라서 그래요. 돈을 한 200만 원쯤 모으면 아이폰이 사고 싶어져요. '이 돈이면 아이폰을 신제품으로 살 수 있잖아?' 하면서요. 그 후 참고 돈을 또 400~500만 원까지 모으면 명품 가방을 사고 싶어져요. 돈이 적을 때는 그런 소비재에 대한 갈망이 참 큰 것 같아요. 남들이 가진 걸 봤을 때 부러웠던 걸 사거나 사치품을 통해 과시하고 싶기도 하죠.

말이 나온 김에 명품에 대해 생각해 볼까요? 명품을 가진 주변 친구들을 보니 이 책을 읽는 여러분도 명품에 관심이 있겠다 싶더라고요. 사실 저는 굳이 가방에 몇백만 원을 쓰고 싶다는 생각이 안 드는 사람이에요. 저한테 가방은 그냥 '물건을 넣어서 들고 다닐 수 있는' 기능을 하면 되는 물건이에요. 이 글을 쓰면서 생각해 보니까 '가방' 자체를 산 게 21살 때더라고요.

명품이 아닌 가방도 좀 이쁘다 싶으면 20만 원대가 넘고, 그것도 비싸게 느껴져서 손이 선뜻 나가지 않아요. 나한테 가방의 가치가 크지 않은데 굳이 무리해서 큰돈을 쓸 필요가 없었달까요? 지나가다가 SPA 브랜드에서 티셔츠 한 장을 사듯이 별 부담 없이 명품을 살 정도로 소득이 받쳐줄 때 사는 게 맞다고 생각해요.

'그래도 명품 하나는 있어야 할까?' 싶었던 시절이 있긴 했어요. 그게 바로 딱 400~500만 원 정도 모았을 때였어요. '이 정도 모았는데 백 하나 사도 되지 않을까?' 싶더라고요. 그런데 그 시기를 지나 천만 원을 딱 모으니까 그 생각이 완전히 사라졌어요. 명품 가방 한 개도 아니고 두 개 살 돈이 내 통장에 들어 있으니 마음이 두둑해지던걸요. 통장에 있는 단위가 천만 원 단위로 바뀌니까 신기한 희열이 들었달까요? 얼른 더 노력해서 뒤에 0을 하나 더 붙여야겠다는 생각으로 바뀌더라고요. 주변에 돈을 잘 모은 사람들과 이야기해 보면 다들 이런 시기가 있었다고 해요. 그러면서 하는 이야기가 천만 원까지가 정말 힘들었다는 거였어요.

천만 원을 모을 때까지는 SNS를 최대한 자제하는 게 좋아요. 소비욕구를 자극하는 건 인스타그램이 크게 한몫하기 때문이에요. 가진 명품과 가는 식당과 장소가 마치 본인의 실제 위치인 것처럼 과시하는 사람들이 있어요. 제 주변에도 명품을 잔뜩 휘감고 파인다이닝을 순회하며 그걸 SNS에 올리는 친구가 있었는데요. 나중에 알고 보니 뒤에서 아르바이트만 두 탕씩 뛰면서 그 돈으로 그렇게 다닌 거였더라고요. SNS 속 일상과 실제 삶이 달랐던 거죠.

물론 아닌 경우도 많을 거예요. 하지만 그들의 삶은 그들의 것이고, 나한테는 내 삶이 있어요. 그래서 SNS에서 보여지는 모습이 사실이든 아니든 흔들릴 필요 없다고 생각해요. 마음이 흔들릴 때도 많겠지만, 정신 딱 잡고 우선 천만 원을 모으는 것에만 집중하길 바랄게요.

뿡글UP 저축 과정에서 추천하는 책

저축 과정에서는 자본주의를 제대로 알고, 기존 사고방식에서 벗어나는 게 필요해요. 단계에 맞는 책을 제대로 읽는 게 중요한 시기라 그래요. 재테크 입문을 제대로 할 수 있도록 도와주는 책을 소개할게요.

부자 아빠 가난한 아빠(로버트 기요사키 지음, 민음인)
돈 공부를 시작하는 사람들이라면 한 번씩 꼭 읽는다는 바로 그 책이에요. 투자 방법을 구체적으로 제시한다기보다는 부자들의 사고방식을 쉽고 직설적인 화법으로 풀어냅니다. 재테크를 이제 막 시작하는데, 도대체 뭐부터 읽어야 할지 모르겠다면 추천할게요.

레버리지(롭 무어 지음, 다산북스)
'모두가 흔히 가는 그 길이 정답일까? 부자들은 어떻게 움직이고 있을까?'에 대한 답을 주는 책이에요. 구체적인 방법보다는 기존의 사고방식을 바꿀 책들이 이 시기에 필요하고, 이 책이 바로 그런 책입니다. 뿐만 아니라 시간에 대해서도 생각해 볼 수 있으니 추천해요.

더해빙(이서윤·홍주연 지음, 수오서재)
부와 행운을 끌어당기는 'Having', 쉽게 말해 돈을 대하는 마음가짐에 관한 책이에요. '돈을 너무 많이 아껴서 마음이 좀 힘들 때 읽기 좋아요. 그 시기가 아니라면 와 닿지 않을 수 있으니 주의!

처음에는 너무 큰 욕심 내지 말고,
내가 성장한다는 측면에서 접근해 보세요.
작은 거라도 꼭 시도해 보길 응원할게요.

즐겁게 더
버는

PART
————————
4

N잡
노하우

저축액을 늘리는 또 하나의 방법, N잡

돈을 모으는 적금 과정과 겸하면 좋은 게 소득을 늘리기 위한 노력이에요. '와, 이렇게 힘들게 아껴도 월에 100만 원이네? 그러면 1년에 1,200만 원이구나…. 지금 1,200만 원이면 몇 살까지 모아야 1억이 되는 거야? 그때까지 이렇게 살아야 하는 건가?' 소비를 줄이다 보면 이런 생각이 들면서 숨이 턱 막히는 순간이 오더라고요.

그런데 그렇게 앞날이 뻔히 예상되는 삶을 받아들일 필요가 있을까요? 그 과정을 순식간에 앞당겨 최종 저축액을 늘릴 방법이 있어요. 운명적인 타이밍이 맞아떨어지고 투자를 기막히게 잘하는 방법도 있겠지만, 젊은 우리에겐 'N잡'이라는 또 다른 선택지도 있습니다.

단, 근로계약서에 '겸직 금지' 조항이 있는 회사에 다니고 있는지 먼저 확인해야 해요. 원칙적으로 회사 업무 외에 다른 것으로 소득이 나는 걸 제한하는 거니까, N잡으로 본인 계좌에 수익금이 입금되면 회사의 징계를 받을 수 있어요. 하지만 그렇다고 해서 N잡을 아예 포기하지는 않아도 괜찮습니다. 다 방법이 있거든요.

먼저 사기업이라면 사규에 겸직 및 영리 행위 금지 규정이 있어도, 근무시간 이외의 시간은 부업을 해도 괜찮아요. 「서울행법 2001구 7465」를 보면 그 시간은 개인의 사생활 범주에 속하기 때문에 기업질서나 근로 제공에 지장이 없는 겸직까지 전면적, 포괄적으로 금지할 수 없다는 내용이 있어요.

공무원이라면 「인사혁신처 예규 제69호」에 해당하지 않는다면 소속 기관장에게 겸직 허가를 받을 수 있게 되어 있어요. 해당 예규의 금지 요건 4가지는 공무원의 직무 능률을 떨어뜨릴 우려가 있는 경우, 공무에 대하여 부당한 영향을 끼칠 우려가 있는 경우, 국가의 이익과 상반되는 이익을 취득할 우려가 있는 경우, 정부에 불명예스러운 영향을 끼칠 우려가 있는 경우를 말하니 참고하세요.

물론 어떤 경우에도 회사 업무를 잘 수행하는 게 가장 먼저라는 건 잊으면 안 돼요. 어디까지나 부업의 개념이니까 회사생활에 지장이 가지 않는 선에서 적정한 시간을 쓰는 게 좋지요. 저는 처음에 현재의 연봉, 앞으로 오를 연봉을 기준으로만 자산 목표를 정했어요. 나 스스로 이 회사, 이 연봉이라는 한계에 가두고 살았던 거죠. 저뿐만 아니라 직장생활을 오래 하다 보면 흔히 그럴 거예요.

유튜브에는 젊은 나이에 월 1,000만 원 이상 버는 사람이 많지만, 그게 나일 거라는 생각은 잘 안 드니까요. 월에 200만 원 받는 내가 월에 1,000만 원 받는 사람이 될 수 있다는 생각은 하지 못하죠. 회사에서 매일 보는 저 높은 직급의 부장님도 월에 1,000만 원은 아니거든요. 내가 저 직급까지 가려면 앞으로도 몇 년이나 더 필요하고, 그만큼의 내공이 더 필요하다는 것도 알고요. 그래서 '에이, 난 어림없지. 안 돼' 하고 쉽게 한계를 정해버리는 것 같아요.

지나고 보니 그게 참 안타까워요. '지금 직장이 좀 아쉽긴 하지만 이 정도면 괜찮지. 당장 이직할 데도 없고…' 하면서 그냥 직장에만 다니죠. 그런데 길이 있다면 어떨까요? 노력도 안 해보고 포기하기는 너무 아깝지 않나요? 부러움에서 멈추지 말고 '나도 저렇게 되어야지'라는 마음으로 이번 장을 읽어보면 분명히 소득을 늘릴 수 있어요. 내 한계는 내가 정하기 나름이잖아요? 다음 내용에 하나라도 해당한다면 자신 있게 N잡을 추천합니다.

1. 일에 자신이 있다

일머리가 있는 사람들은 부업에도 금방 적응할 수 있어요. 부업의 장점, 즉 내가 하는 만큼이 그대로 '회사'의 아웃풋이 아니라 '나'의 아웃풋으로 나온다는 게 힘을 내게 만드는 원동력이 되기도 해요. 의사결정 과정이 따로 있지도 않고, 내가 아이디어를 낸 게 금방 결과로 나오니까 재미있죠. 이런 소소한 재미와 일머리가 더해지면 자연스럽게 좋은 결과도 따라올 거예요.

2. 인생이 재미가 없다

일-집-일-집이 매일 반복되는 따분한 일상이라고 느낀다면 새로운 세상을 볼 수 있는 기회가 돼요. 내가 도전하고자 하는 N잡 분야에 대해 깊게 들어가면 그쪽의 시스템을 볼 수 있죠. 그 분야에서 이미 성과를 내는 사람들을 보며 새로운 원동력을 얻기도 하고요. 매일 만나는 사람들이 아니라 새로운 사람들과 만날 기회도 생겨요. 인생이 재미없다면, 너무 나를 늘 똑같은 울타리 안에 가두며 살지 않았는지 한 번 생각해 보세요.

3. 자존감이 낮은 편이다

삶에서 어느 정도 건강한 자존감은 필요해요. 부업을 통해서 '내가 누군가에게 도움이 되고 있구나' '나의 어떤 점이 누군가에게 필요하구나'를 느끼면 자존감도 자연스럽게 올라가더라고요. 회사에서 좋은 평가를 받지 못해 자존감이 낮아지는 사람들도 많이 봤는데요. 그 일 말고도 내가 더 잘하는 분야, 흥미를 느끼는 분야가 분명히 있어요. 그런 걸 찾아 무리 가지 않는 선에서 도전해 본다면 예전과 달라진 내 모습을 발견하게 될 거예요.

4. 시간 관리를 잘한다 혹은 잘하고 싶다

N잡과 시간 관리는 뗄 수 없는 단어예요. 하루 24시간은 누구에게나 똑같은데, 본업 외에 남는 시간은 그냥 쉬면서 흘려보내죠. 그런데 N잡을 결심한 순간 이 시간을 빼서 사용하게 돼요. 누워서 핸드폰 하며 보내던 1시간, 1시간을 알차게 끌어모아 효율적으로 쓸 수밖에 없어요. 시간 관리를 잘하는 사람은 진행이 수월할 거고, 잘하고 싶은 사람도 많이 개선할 수 있을 거예요. 휴식 시간에 할 일이 없으니까 시간 관리를 잘하지 못했던 걸 수도 있거든요. 목표가 명확하다면 시간 관리는 보다 수월해져요.

5. 계속해서 나를 성장시키고 싶다

과장, 부장, 팀장, 그 위에 임원 등 직장에 다니면 우리 위에 많은 직급이 있죠? 그건 무슨 일이 생겼을 때 나 대신 책임질 사람이 있다는 뜻이기도 해요. 그래서 누군가가 책임져야 할 만큼 중대한 일들은 꼭 위쪽의 의사결정을 거쳐 진행 돼요. 그래서 직장에만 다녔을 때는 책임의 무게가 크게 와 닿지 않았던 것 같아요.

N잡을 시작하면 결정도 내가 하고 그에 따른 책임도 내가 져야 해요. 생각보다 그 '책임'의 무게라는 게 상당하다는 것도 알게 되죠. 더 꼼꼼하고 신중하게 일 처리를 해야 하고, 생각지도 못했던 일들이 터지기도 해요. 그런데 돌이켜보면 뭔가 일이 터졌을 때가 성장하기 좋은 때이기도 하더라고요. 계속 이런 상황에 나를 노출하면 성장은 자연스럽게 따라오고, 일련의 과정을 통해 진짜 실력이 쌓이게 된답니다. 준비만 하다가 실행하지 못하는 분들도 많이 봤는데요. 처음부터 너무 완벽하지 않아도 괜찮다고 말해주고 싶어요. 저는 처음에 유튜브를 시작할 때 마케팅 업무를 하고 있었어요. 매번 회사 제품만 마케팅했는데, 다른 사람의 도움 없는 순도 100% 저의 마케팅 실력이 궁금해서 가벼운 마음으로 유튜브를 시작하기로 결심했어요.

결심한 다음 날 바로 촬영하고, 그날 밤을 새우며 편집한 후 그다음 날 업로드했어요. '이걸로 돈을 얼마나 벌까?'라는 생각이 있지는 않았어요. 그냥 별생각 없었는데 사람들의 댓글이 달리는 게 재미있더라고요. 누군가가 있는 그대로의 제 모습을 담은 영상을 보고 응원해 주니까 더 잘 살고 싶은 원동력이 생겼다고나 할까요?

평일에는 좀 더 일찍 일어나서 아침에 하거나 퇴근 이후에 촬영했어요. 매주 토요일에는 밤을 새우며 편집한 후 일요일에 업로드했지요. 그렇게 매주 1회씩 직장과 병행하며 1년 동안 지냈어요. 그런 과정을 1년쯤 거치니까 편집 프로그램을 아예 모르던 제가 학원도 다니지 않고 뚝딱뚝딱 편집을 해내더라고요.

어떤 날은 코피도 흘리며 지냈지만, 그 꾸준한 노력은 절대 헛되지 않았어요. 기회는 남이 물어다 주는 게 아니라 내가 잡는 거라는 걸 그때 처음으로 깨닫게 되었죠.

단순히 돈을 더 빨리 모을 수 있다는 이유만으로 N잡을 추천하는 건 아니에요. 배움의 속도, 세상을 보는 시야가 정말 넓어진다는 걸 알게 되었기 때문이기도 해요. 개선하고 싶은 부분 또한 긍정적으로 바뀔 수 있고요. 한 가지만 미리 말하자면 '힘들어요.' 집에서 넷플릭스 보면서 쉬거나 친구들과 만나며 보내는 즐거운 시간도 줄어들죠. 그래도 젊을 때 아니면 또 언제 이렇게까지 해보겠어요?

처음에는 너무 큰 욕심 내지 말고, 내가 성장한다는 측면에서 접근해 보세요. 성장하는 데 소득까지 생기면 좋은 거잖아요. 잘 살기 위해 좋은 글을 읽고, 영상도 보지만 가장 좋은 건 내가 직접 부딪쳐 깨닫는 것일 거예요. 작은 거라도 꼭 시도해 보길 응원할게요.

투자 vs 부업 뭐가 더 좋을까?

"저는 투자로 자산을 불릴 건데요? 그게 더 빠른 자산 증식 방법 아닌가요?"

저는 둘 다 겸해야 한다고 말하고 싶어요. 특히 사회초 년생인 2030이라면 더더욱요. 조급한 투자는 결국 화를 부르기 마련이에요. 힘들게 번 돈인데 '지금 내 돈을 지킬 만큼 공부가 되어 있는가?'를 자문하는 게 먼저죠. 투자는 외부 요인에 따라 상황이 휙휙 바뀌기 때문에 내 돈을 항상 불려주기만 할 거라는 생각은 상당히 위험해요. 그래서 가장 이성적인 건 재테크 공부와 함께 나에 대한 투자를 겸하는 거죠. 나에게 투자해서 소득이 더 높아지면 더 큰 자산에 눈을 돌릴 수도 있고, 시장이 안 좋을 때도 매월 안정적인 소득이 따로 있으니 마냥 불안하지만은 않아요. "○○이가 비트코인으로 돈을 꽤 벌었다는데?" "뭐니 뭐니 해도 주식 투자가 짱이지." 이런 이야기에 흔들릴 수 있지만 정말 극소수일 뿐이에요. 잃은 자는 말이 없다는 걸 기억하세요. 힘든 시기에는 탄탄한 월 소득이 큰 힘이 된다는 걸 절대 잊으면 안 돼요.

N잡의 필요성을 느껴도 막상 뭘 해야 할지는 막막할 거예요. 개인의 상황과 성향이 모두 다른 만큼 본인에게 맞는 N잡 역시 다 달라요. 어떤 부업을 선택해야 할까요? N잡이 활성화되면서 부업의 종류가 너무 다양해지다 보니 아무것에나 도전했다가 포기하는 사람도 많아요.

"요즘 이 부업이 대세래" "누가 이걸로 돈을 많이 벌었다는데?"라는 말에 시작하면 절대 오래 갈 수 없어요. 부업을 선택하기 전에 다음 2가지를 잘 생각해 보세요. 그다음에 제가 추천하는 부업과 비교해 보면 나와 맞는 부업 찾기가 조금은 더 수월해질 거예요.

1. 내가 부업을 통해 원하는 것은 뭘까?

단순히 돈만 벌면 되는지, 아니면 부업을 통해서 내가 또 배우고 싶은 게 있는지는 사람마다 달라요. 부업을 선택하기에 앞서, 내가 뭘 원하는지 명확하게 기준을 세워보세요.

원하는 게 명확할수록 내게 맞는 부업을 찾기도 쉽고, 원하는 게 아닌 건 미련 없이 버릴 수도 있거든요.

2. 내가 그 부업에 흥미를 느끼는가?

모든 부업의 기본적인 공통점은 초반에 많은 돈을 벌 수 없다는 거예요. 사실 초반부터 수익이 나는 부업 자체가 극히 드물어요. 그런데 본업 외의 일이잖아요? "본업보다 돈도 티끌이야. 심지어 재미도 없고 스트레스만 쌓인다고!" 이러면 진짜 오래 못 가요. 남들이 아무리 좋은 부업이라고 해도 결국 내가 잘할 수 있고, 흥미 있어 하는 부업이 끝까지 남더라고요.

SNS를 통해 나를 브랜딩하는 법

요즘은 정말 자기 PR의 시대가 된 것 같아요. '나를 브랜딩한다'라는 말이 멀게 느껴질 수 있는데 '나의 어떤 장점을 알리고 싶은가?'로 생각해도 돼요. 요즘은 꼭 연예인이 아니라도 자신의 장점을 내세워 유튜브, 인스타, 브런치를 하면서 수익 파이프라인을 만들잖아요. SNS를 이용한 이런 일들은 가장 많은 돈을 벌 수 있으면서, 동시에 수익이 나기까지 가장 오랜 시간이 필요하기도 해요.

SNS 브랜딩을 선택하기 전에 가장 중요하게 고민해 봐야 하는 4단계를 소개해 볼게요. 이런 고민 없이 시작하면 정말 많은 시행착오를 겪어야 하니 잘 읽어보세요.

1단계. 나는 내가 뭘 할 때 좋아하는가?

수익이 나기까지의 기간이 오래 걸리는 부업인 만큼 내가 정말 좋아하는 걸 해야 해요. 예쁘게 치장하는 걸 좋아하는 사람이 먹방 유튜브를 찍으면 변해가는 몸을 보며 계속 괴롭겠죠? 겉모습 꾸미는 것에 별로 관심이 없는 사람이 뷰티 유튜브를 찍으면 지겨울 테고요. 먹방 유튜브는 정말 먹는 걸 좋아하는 사람이, 뷰티 유튜브는 꾸미는 것에 관심이 많은 사람이 해야 하는 이유가 이거예요. 단순히 유튜브에서 몇 번 본 익숙한 카테고리라고 뛰어들지 말고, 봤을 때 즐거운 것을 떠나 내가 했을 때 즐거운 일을 찾아야 하죠. 행복한 음식을 계속 먹을 수 있는 삶이 행복한지, 뷰티 제품을 매번 바꾸고 사람들에게 소개할 때 행복한지 고민해 보세요.

2단계. 시장에 수요가 있는가?

내가 좋아하는 걸 함께 좋아하는 사람들이 많아야 수익으로 연결돼요. 극히 일부가 선호하는 주제는 찾는 사람이 한정되어 있어서 수익으로 연결되기가 어렵거든요. 단순한 자아실현이 아니라 수익을 위한 부업을 찾는 것이 목표잖아요. 시장에 수요가 있을지 모르겠다면 이런 질문을 해보세요. '이 주제가 사람의 욕망을 자극하는가?' 너무 맛있어 보여서 함께 먹고 싶게 만든다거나, 예쁘게 보이는 방법을 알려준다거나, 호기심을 마구 불러일으킨다거나 하는 거요.

3단계. 나는 사람들에게 뭘 줄 수 있는가?

1, 2단계를 통해 어느 정도 주제가 추려졌다면, 내가 해당 영역에서 사람들에게 줄 수 있는 것이 있는지 찾아볼 차례예요. 보는 사람들은 뭔가를 얻는다는 생각이 들지 않으면 계속 보지 않아요. 물론 그걸 인식하지 못한 채 보는 사람들이 많죠. 예를 들어, 신혼집에서 요리를 만들어 먹는 모습을 보여주는 사람은 '요리 레시피'와 '힐링 모먼트'를 제공해요. 그들 역시 새로운 요리를 계속 보여주기 위해 보이지 않는 곳에서 끊임없이 레시피를 찾아 연습하겠죠. 또 업무를 주제로 글을 쓰는 브런치 작가들은 해당 경력에 관심 있는 사람들에게 '업무적인 인사이트'를 제공하기도 하고요.

내가 고른 주제에서, 내가 줄 수 있는 게 명확한 사람인지 고민해 보세요. 사람들의 수요가 있는지, 있다면 어느 정도일지 구체적으로 생각해 보는 거예요. 어떻게 돈을 벌 것인가가 아니라 어떤 가치를 제공할 것인가를 정하는 게 중요하니까 이 부분을 깊이 고민하길 바랄게요. 자! 그럼 이제 마지막 단계로 넘어갈 차례입니다.

4단계. 어느 플랫폼을 활용할 것인가?

요즘은 활용할 수 있는 플랫폼이 다양해서 말하고 싶은 것을 전달할 방법도 많아졌어요. 그래서 나의 주제가 어느 플랫폼에 가장 적합한지를 찾아야 해요. 선택에 도움이 되도록 각 플랫폼의 특징을 정리했으니 참고하세요.

하고싶은 이야기를 말로 전하는게 편하거나 영상으로 보여줘야 한다면?
유튜브

해당 주제로 사진 찍는 것을 즐기고, 글로 자주 소통하는 것에 자신이 있다면?
인스타그램

나에게 딱 맞는 플랫폼은?

해당 주제를 짧은 시간 안에 전달할 수 있다면?
인스타그램 릴스
유튜브 숏폼

하고 싶은 이야기를 말보다는 그림으로 전하는 게 편하다면?
인스타툰

글 쓰는 걸 좋아하는데, 내가 하고 싶은 이야기가 있거나 상상력이 풍부하다면?
브런치

4단계까지 다 지나서 명확한 답이 나왔다면 이제 실행할 차례예요. 이때도 요령이 있어요. 무작정 시작부터 하는 게 아니라 해당 분야에서 인기가 많은 사람의 영상을 분석해 보는 게 가장 먼저 할 일이에요. 인스타라면 사진 찍는 방식이나 글의 흐름을, 유튜브라면 촬영과 편집하는 방식을 그대로 따라 해도 좋아요. 물론 내용은 달라야겠죠? 인기 있는 사람들은 어떻게 그 많은 사람을 유입한 건지, 그들의 무엇이 사람들의 마음을 움직이는 요인이었는지 분석해 보는 거예요.

그렇게 얻은 인사이트를 본인에게 적용하고 업그레이드하면서 꾸준히 해보는 거죠. '나는 편집을 못 해서, 나는 카메라를 몰라서'라며 온갖 이유를 대는데, 사실 SNS로 인기를 얻은 사람들을 자세히 살펴보면 다 비슷한 상황에서 시작했어요. 저 역시도 그랬고요. 꾸준히 하다 보면 늘긴 늘더라고요. 편집을 정말 못 하겠다면 '편집몬'이라는 사이트에서 편집자를 따로 구할 수도 있어요.

현실적인 이야기를 또 하나 하자면 SNS는 바로바로 수익이 나는 플랫폼이 아니라는 거예요. 당장 큰 성과를 기대하지 말고 알고리즘의 도움을 받아 사람들이 유입됐을 때, 그들이 팬이 될 만한 콘텐츠를 꾸준히 올리는 게 중요해요. 플랫폼에 상관없이 매주 1~2회 업로드하면서 1년만 지켜보세요. 방향성이 제대로 됐고, 계속해서 도전하면 유의미한 결과로 보답받는 날이 올 거예요.

의욕적으로 시작했지만 몇 개월 열심히 하다가 수익 직전에 포기해 버리는 걸 자주 봤어요. 포기할 생각을 하기 전에 방향을 여러 번 바꿔보길 권할게요. 구독자 182만 명의 신사임당 채널을 매각한 주PD 님도 초기에 6~8개의 채널을 실패했다고 하더라고요. 직장을 다니면서 그럴듯한 아웃풋을 꾸준히 낸다는 것에 초점을 두고, 양질의 콘텐츠를 올려보세요. 노력에 보상받는 날이 꼭 올 거예요.

바로 시작할 수 있는 부업을 찾고 있다면

앞에서 말한 나를 알리는 부업과 달리 시간 투입과 수익이 곧바로 연결되는 일을 원하는 사람도 있을 거예요. 자기 경험과 취향, 사는 지역, 원하는 부업 시간에 따라 선택할 수 있는 일들도 적지 않으니 찬찬히 읽어보세요.

퇴근 후 활동적으로 움직이는 부업은?

많은 돈이나 자아실현보다 단순히 소득을 늘리고 싶은 사람에게 적합한 부업을 꼽자면 단연 '배달파트너'입니다. 요즘은 대중화되어 많은 사람이 도전하는 부업이기도 하죠. 자전거, 자차, 오토바이, 도보 등으로 이동할 수 있어요. 한국은 배달의 민족이라서 콜이 적지 않다는 장점이 있어요.

밤과 주말에 배달파트너를 하는 직장인 지인의 얘기를 들어보니 저녁에 특히 콜이 많다고 해요. 직장인 부업으로 딱 적합하죠. 정책에 따라 상이하지만 보통 하루 15건 내외로 했을 때 평균 6만 원, 주말에는 10만 원 정도를 벌 수 있다고 하더라고요. 여기에 본인이 하고 싶을 때 아무 때나 일할 수 있다는 장점까지 생각하면 괜찮죠.

당연히 고려해야 할 것도 있어요. 아무래도 도보보다는 자차가 조금 더 수월해서 자차 있는 사람들이 많이 도전해요. 앞에서 말한 지인은 유류비로 2만 원 정도를 쓴다고 했어요. 주차도 쉽지 않다고 하더라고요. 음식점에서 바로 픽업할 수 있는 게 아니고, 조리대기를 해야 하는 상황도 있어서 출발 전 주차 자리를 파악하는 게 중요하대요.

시간 대비 수입이 큰 부업은 아니지만 배달파트너를 하다 보면 그 지역에 대한 이해도가 높아진다는 장점도 있어요. 들어가기 어려운 고급 아파트도 둘러볼 수 있고요. 이래저래 부동산에 관심 있는 사람이 주말에 소소하게 하기 괜찮은 부업이라는 생각이 들어요. 퇴근 후나 주말에 머리 크게 쓰지 않고 열심히 뛰어보고 싶은 사람에게 적당할 것 같아요.

강아지나 고양이를 키웠다면 할 수 있는 부업은?

강아지나 고양이를 키우고 있거나 키운 경험이 있다면 부업으로 '펫시터'를 선택해도 좋아요. 반려동물을 사랑하는 사람들에게 안성맞춤이거든요. 강아지나 고양이 보호자가 집을 비우게 되었을 때 밥과 물을 챙기고, 배변 패드 정리하고, 산책시키는 일을 해요.

저 역시 고양이와 강아지를 좋아해서 펫시터에 지원한 적이 있는데 심사에서 탈락했어요. 반려동물을 기른 기간이 짧아서 안 된대요. 세부 조건은 지원할 때 다 나와 있으니까 해당 조건을 충족하는 사람이라면 지원해 보세요. '와요, 펫플래닛, 펫트너, 미소파트너, 도그메이트' 같은 곳에서 지원할 수 있습니다. 물론 지원한다고 누구나 일할 수 있는 건 아니에요. 사랑하는 반려동물을 남에게 맡기는 건데, 적어도 기본적인 지식은 갖춘 사람에게 맡기고 싶겠죠? 정보 입력과 함께 기본적인 테스트, 면접, 교육 절차를 거쳐야 해요. 초기 3개월 동안 20일을 채워야 하는 조건이 있는 곳도 있으니 해당 조건을 채울 수 있는지도 꼼꼼하게 살펴보는 게 좋겠어요.

펫시터의 장점은 다른 부업보다 기본 시급이 꽤 센 편이라는 건데요. 보통 30분에 12,000원 정도로 책정돼요. 부업치고 나쁘지 않죠? 집을 자주 비우는 고객을 고정적으로 맡게 된다면 보수는 더욱 괜찮아져요. 하지만 일이 없을 때는 정말 없어요. 또 본인 거주지역 근처에 고객이 있으면 좋은데, 그렇지 않을 수도 있죠. 그래서 해당 서비스를 자주 이용하는 사람들이 많은 지역에 거주한다면 더 괜찮은 부업이 될 수 있어요. 매일, 매주 고정적인 요일이나 시간이 있는 게 아니라, 내가 일하고 싶을 때 신청하는 개념이니까 직장을 다니면서 하기에도 나쁘지 않아요. 반려동물을 사랑하는데, 당장 다른 부업을 찾기 어려운 사람에게 괜찮은 선택지가 될 수 있는 부업이랍니다.

직장인이 할 수 있는 부업은?

'돈은 벌고 싶지만 매번 고정적인 시간을 들이는 건 부담스럽고, 몸으로 하는 일은 자신 없는데 어떡하지?' 이런 고민을 하는 직장인에게 추천하는 부업이 있어요. 바로 '크몽(kmong.com), 숨고(soomgo.com)' 같은 프리랜서 마켓에서 일을 구하는 거예요.

사무직 직장인이라면 엑셀을 많이 다루죠. 엑셀 관련한 일거리를 볼까요? 크몽 검색창에 '엑셀'을 검색해 보면 Raw Data를 전달받아서 가공하는 일도 있고, 엑셀을 알려주겠다며 강의 모집을 하는 사람도 있어요. '이런 일까지 가능하다고?'라는 말이 나올 만큼 없는 게 없는 재능 마켓이니까 자기에게 맞는 걸 찾아보세요.

디자인, 마케팅, 번역 쪽의 일을 한다면 특히 집중! 유독 일감이 많거든요. 거창한 게 아니라 섬네일 제작부터 블로그 디자인, PPT 등 그때그때 일을 받을 수 있어서 부업으로 적당해요. 일회성 고객이 대부분이지만, 조금 더 고정적인 수입을 원한다면 기업 회원들이 왔을 때가 기회예요. 잘하면 장기계약으로 연결되기도 하니까요.

실제로 저는 포토샵을 잘 다루는 지인에게 크몽에서 포토샵 재능마켓을 열면 어떻겠냐고 제안한 적이 있어요. 결과적으로 그 친구는 두 번째 달부터 월급을 넘는 수익을 올리게 됐어요. 전문적인 포토샵 프로그램을 쓰는 게 아니라 휴대폰으로 하는 포토샵인데도 말이에요. 카톡 프로필에 멋지게 사진을 올리고 싶은 사람이 이용하기도 하고, 웨딩사진에서 탈락한 나머지 사진을 예쁘게 정리해서 소장하고 싶은 예비 신혼부부가 이용하기도 하더라고요. 쇼핑몰을 운영하는 사람은 고정적으로 작업을 맡기기도 했어요. 신기하죠? 엄청 거창한 일만 가능하거나 무조건 자격증이 필요한 건 아니니까, 주변에서 "어? 너 이런 거 좀 잘한다"라는 말을 들어본 적이 있다면 적극적으로 도전해 보세요.

직장인들이 많이 하는 것 중 하나로 '자기소개서 컨설팅'도 빠질 수 없는데요. 모두 자소서 쓰고 입사하잖아요. '나 글 좀 쓴다' '입사할 때 자소서는 늘 프리패스였다' 아니면 '포트폴리오 구성에 자신 있다!' 이런 사람이라면 자소서, 이력서 컨설팅도 괜찮아요. 투입하는 시간이 크지 않고, 주로 비대면으로 진행하기 때문에 직장인에게 딱 좋죠.

팁을 주자면 프리랜서 마켓에서 중요한 건 '가격책정'이에요. 처음에는 정말 소소한 용돈벌이 느낌으로 시세보다 낮게 부르고, 고객 후기를 채우는 방향으로 가보세요. 좋은 후기가 하나둘 쌓이면 조금씩 금액을 조정해 올리는 게 좋답니다. 엄청 전문적인 시장은 아니기 때문에 고객이 비용을 합리적으로 느낄 수 있도록 하는 게 핵심이에요. 또 고객을 유치할 때는 신뢰감을 줄 수 있는 소개문구 작성이 필수라는 것도 잊지 마세요. 후기가 많은 사람의 소개 페이지에 들어가 참고하면 도움이 많이 될 거예요.

크게 추천하지 않는 N잡이 있다면?

세상에 정말 다양한 부업이 있는데, 정말 추천하고 싶지 않은 것들도 있어요. 저 역시 프리랜서가 된 초반에 수입이 불안정할 때 참 다양한 부업에 도전했는데요. 가장 만족도가 떨어졌던 건 바로 '데이터 라벨링'이었어요. 요즘 같은 4차 산업혁명 시기에 눈알 붙이기가 있다면 이것일 것 같다는 느낌이었죠.

인공지능을 사용하려면 다양한 데이터가 필요해요. AI는 문서나 사진을 식별할 수 없어서, AI가 스스로 학습할 수 있도록 사람이 데이터를 분류하고 가공해 주는 과정이 필요하죠. 예를 들면 이미지 분류를 위해 특정 이미지 데이터를 많이 제공해야 하는 것도 있고, 특정 대상을 상대로 한 많은 설문조사 데이터가 필요할 때도 있어요. 이 부업의 장점은 작업 시간이 오래 걸리지 않고, 공간 제약이 없다는 거예요. 최소한의 인지능력만 있다면 아무나 할 수 있죠.

예전에 회사에 있을 때 챗봇을 구축하는 선배의 일을 도운 적이 있어요. 하나의 질문을 이해하기 위해 여러 개로 변형된 질문이 필요하다고 하더라고요. 예를 들어 '매장 위치 안내'에 대한 질문과 관련된 텍스트를 적는다면 '매장 위치는 어떻게 되나요?' '매장 위치 알려주세요' '매장 위치 어디임?' '매장 어디?' 등 수많은 문장이 필요하죠. 굉장히 단순하고 쉽지만, 양이 정말 방대하더라고요. 그래서 AI 관련 회사에서는 이런 작업을 아주 약간의 대가를 주고 맡기죠.

고양이에 해당하는 이미지를 다 촬영해서 달라고 했던 곳도 있었고, 한식에 해당하는 사진이 맞는지 검증해 달라는 곳도 있었어요. 특정 사이트나 앱에 의뢰인이 다양한 작업을 올려놓으면 데이터 라벨러들이 그걸 보고 작업해요. '크라우드 웍스, 레이블러, 에이아이 웍스, 테스트 웍스' 같은 곳에서 진행하니 참고하세요.

이런 부업을 추천하지 않는 이유는 투입 시간 대비 수익이 너무 아쉽기 때문이에요. 꽤 열심히 해도 하루에 받는 돈이 몇백 원에 불과하더라고요. 눈이 몹시 아프니까 직장에서 계속 컴퓨터를 보는 사무직 계열이라면 더욱 추천하지 않겠습니다. 지금 당장은 하루에 몇백 원부터 많게는 몇천 원을 벌겠지만 앞으로도 계속 그런 돈을 받아야 한다는 게 큰 단점이에요. 아무나 할 수 있는 일은 쉽게 대체되기 마련이라는 걸 기억하세요. 그렇게 시간을 쓰느니 나를 발전시켜서 내 몸값이나 가치를 올리는 게 장기적으로 좋지 않을까 하는 생각이 들었어요.

여러 부업을 소개했는데, 여러분의 성향과 상황에 맞는 부업은 어떤 거였나요? 본업을 마친 후 시간이 남고, 더 생산적인 활동을 원하는 사람들에게는 부업을 추천하지만, 부업도 똑똑하게 선택하는 게 중요해요. 저 역시 소득이 너무 적다 싶어서 부업을 알아보던 때가 있었어요. 당장 할 수 있는 것들은 다 해봤던 것 같아요. 그런데 본업에 지장을 주지 않는 게 중요하다는 걸 점점 깨닫게 되더라고요.

소득이 본업 하나에서 들어오다가, 본업 외에 다른 경로를 통해 들어오기 시작하면 거기에 매몰되거든요. 부업이 본업의 소득을 월등히 뛰어넘는다면 고민할 필요가 있지만, 그전까지는 꼭 유의하며 진행하세요. 그런 관점에서 지속 가능성이 있거나 경력에 도움이 되는 부업, 그리고 짧게 할 수 있는 부업을 추천했어요. 가보지 않은 길에 발을 내딛는 건 매번 정말 두렵지만, 그걸 극복하고 해내면 좋은 쪽으로 성장할 수 있으니 한 번 도전해 보세요!

재테크하고자 하는 이유가 무엇인지,
자신이 중요하게 생각하는 가치가 무엇인지를
늘 기억했으면 좋겠습니다.

나의   PART   주식
           5   이야기

부끄러운 주식 투자 암흑기

본업과 부업에 적응해 이래저래 여유가 생겼다면 이제는 자본주의의 꽃, 주식 투자에 관심을 가질 차례예요. "어차피 이럴 거면 앞에서 왜 굳이 적금을 언급했을까? 처음부터 바로 주식을 하면 되는 거 아냐?" 혹시 이런 생각을 했다면 간단히 답할 수 있어요. 한 번에 너무 많은 걸 삼키려고 하면 탈이 나기 마련이라서 그래요. 장기적으로 끌고 갈 수 있는 재테크를 위해선 이전 단계를 제대로 마치고 가는 게 중요하니까요.

투자에 앞서 선행되어야 하는 게 시드머니 마련과 마인드 세팅이라고 할 수 있는데요. 시드머니를 마련하기 위해 소비통제 과정을 거쳤고, 소비를 컨트롤하기 위한 수단으로 적금을 이용했어요. 그 과정에서 자본주의를 공부하고, 투자 마인드를 세팅한 것만으로도 충분한 가치가 있죠.

2020년에 주식 흐름이 좋아지면서 주식을 시작한 사람이 많은 것 같아요. TV를 틀면 그간 보기 어려웠던 주식 예능이 나오고, 아직 어린 친구들 사이에서도 너 나 할 것 없이 투자 얘기가 오갔죠. 투자에 별 관심 없던 사람이라도 '적금보다 주식'이라는 말은 한 번쯤 들어봤을 거예요. 맞아요, 적금만 하는 사람에게 "주식을 해야지, 무슨 적금!"이냐고 하던 때가 불과 얼마 전이었어요.

지금은 금리 인상 및 전쟁 이슈로 주가가 많이 내려온 상황이지만, 이런 상황이 언제까지나 이어지지는 않을 거예요. 지금까지 주식은 다양한 상황 속에서 계속 등락을 거듭해 왔거든요. 지금 주가가 빠졌다고 주식 투자 공부를 놔버리면 안 되는 이유가 이거예요. 주식에 대해 알아보기 전에 제가 한때 겪었던 참 안 좋은 투자 이야기를 해보려고 해요. 책의 좋은 점은 그 길을 먼저 가본 사람의 경험을 통해 피해야 할 길을 알 수 있다는 거잖아요? 주식 투자를 할 때 욕심을 잘 통제하는 게 얼마나 중요한지 한 번 이야기해 볼게요.

많은 돈을 빨리 벌고 싶은 욕심에 눈이 멀어 위험한 투자를 한 적이 있었어요. 바로 상한가 따라잡기, 정치 테마주 따라다니기, 데이 트레이딩 같은 행동이었는데요. 혹시 개장 후 증권사 앱에 들어갔을 때 빨간불이 켜진 채 30%까지 단기간에 오르는 종목을 본 적 있나요? 그런 종목에 따라서 들어갔어요. '20%에 들어가서 29% 정도에 빠져야지. 그래도 9%나 먹네' 하면서요. 심할 때는 그 회사가 어떤 회사인지도 모른 채 따라 들어가기도 했죠. 정말 심각했죠?

이런 투자를 통해 돈을 벌었을까요? 네, 단 10분 만에 10만 원 넘는 돈이 갑자기 생기기도 했어요. 당시 월급을 일급으로 나누면 하루에 10만 원도 안 됐을 때인데, 10분 만에 10만 원 넘는 돈이 생기니까 월급이 참 초라하게 느껴지더라고요. 여기에서 끝나면 참 좋았을 텐데, 인간의 욕심은 끝이 없고 같은 실수를 반복한다고 하잖아요. 돈을 아주 쉽게 번 경험이 생기니까 점점 투자 액수를 늘리게 됐어요. '100만 원을 넣어서 이런 수익이 생겼으니 500만 원을 넣으면 5배네?' 짐작하겠지만 이 욕심은 결국 화를 불렀죠. 이런 투자는 단기간에 수익을 올릴 수도 있지만, 바꿔 말하면 단기간에 막대한 손실을 볼 수도 있는 거거든요.

최종적으로는 어땠냐고요? 결국 초심자의 행운으로 벌었던 돈의 몇 배를 수업료로 냈어요. 그런데 제가 잃은 건 돈이 다가 아니더라고요. 정치 테마주를 따라잡기 위해 정치인 관련 기사와 이슈에 항상 귀를 열어야만 했고요. 여러

주식 커뮤니티에 항상 발을 들이고 있어야 했어요. 나중에 정신 차리고 보니까 10분 만에 돈을 번 게 아니라 그 몇 배의 시간을 할애하고 있더라고요. 국내 주식시장 개장 시간은 오전 9시라서, 직장인이었던 저는 개장 직후인 이 시간에 들어가곤 했어요. 가장 맑은 정신으로 일할 수 있는 소중한 아침 시간을 그렇게 써버린 거죠.

대다수 직장인은 개장 시간인 9시부터 장 마감인 15시 30분까지 내내 직장에 있어요. 화장실 가서 혹은 담배 피우러 가서 그 시간에 증권사 앱을 켜고, 회사 몰래 투자하는 게 정말 도움이 되는 행위일까요? 결과적으로 돈을 잃고 시간까지 잃고 나니까 현타가 심하게 오더라고요. 트레이더가 될 것도 아니고, 그저 재테크 수단 중 하나로 주식을 하는데 이런 투자는 맞지 않다고 생각했어요. 다른 사람이 좋다고 하는 주식을 샀을 때도 마찬가지였죠. 하루에도 몇 번씩 주식계좌에 들어가 보고는 했어요.

이런 생활은 수익이 나도 손실이 나도 똑같았어요. 수익이 났을 때는 '그래서 이거 언제 팔지?' 싶었고, 손실이 났을 때는 '뭐야, 이거 오른다고 했는데 어디까지 떨어지는 거지?' 하며 계속 보게 되더라고요. 해당 종목에 대한 이해 없이, 주식에 대한 개념 없이 투자하니까 판단하는 눈을 기르기가 어렵다는 것도 문제였어요. 그 기업에 대한 신뢰가 없으니까 정신이 자꾸 다른 곳으로 가는 거죠. 직접 경험해 보니까 이건 정말 아니었어요.

그래서 꼭 하고 싶은 말은 '우리 현생에 방해되지 않는 투자를 하자'예요. 부끄러운 경험이지만 이런 투자가 상당히 위험하다는 걸 알리고 싶었어요. 어쩌면 돈 보다 귀한 것, 우리의 젊은 시간을 잃게 될 수도 있으니까요. 재테크하고자 하는 이유가 무엇인지, 자신이 중요하게 생각하는 가치가 무엇인지를 늘 기억했으면 좋겠습니다.

기본 개념은 알고 투자하기

요즘은 정말 다양한 정보들을 쉽게 접할 수 있잖아요. 심지어 요즘 매수하기 좋은 주식 종목이 뭔지 유튜브만 들어가도 숱하게 볼 수 있어요. 몇만 원, 몇천만 원 투자금액에 따라 추천까지 해주더라고요. 정보가 흘러넘치는 상황이라서 기본 개념조차 없으면 그럴듯한 말에 휩쓸려 이리저리 흔들리게 될 것 같다는 생각이 들었어요. 내 돈을 지키고, 불리기 위해 꼭 공부하자는 말을 하고 싶어요. 바닥이 단단해야 무너지지 않으니까요.

주식이란?

주식이 뭘까요? 사전적인 설명을 보면 '주식회사의 자본을 구성하는 단위로, 회사의 소유권을 나타내는 증서'예요. 이게 무슨 말인지 금방 와 닿나요? 쉽게 말해 한 회사가 흥하고 망하는 걸 함께하는 동업자들이 나눠 갖는 증표라고 생각하면 돼요. 회사가 잘되면 회사의 소유권을 의미하는 주식 가격도 올라가겠죠? 반대로, 회사가 어려워지면 주식 가격은 내려갈 거고요.

주식의 가격은 오를 때도 있고 내릴 때도 있는데요. 주식 투자의 핵심은 이렇게 계속해서 변하는 가격의 주식을 보다 싸게 사서 비싸게 파는 거예요. 그래서 주식 투자 전에 투자할 기업을 잘 분석해야 하는 거죠. 앞으로 성장할 기업의 가치보다 저평가된 곳에 투자해야 우리도 기업의 성장에 따라 적당한 수익을 취할 수 있게 될 테니까요.

그럼 기업은 투자자들만 좋으라고 주식을 발행하는 걸까요? 그렇지 않아요. 주식은 기업이 회사를 운영하는 데 필요한 자금을 마련하는 중요한 수단 중 하나예요. 회사를 운영하다 보면 많은 돈이 필요할 때가 있어요. 예를 들어, 그릭 요거트 납품 회사가 있다고 가정해 볼게요. 그릭 요거트가 입소문이 나서 주문이 폭주한 거예요. 문제는 지금 공장만으로는 주문량을 소화할 수가 없다는 거죠. 더 많은 인력과 더 큰 공장이 필요한데, 사장님이 가진 자본금으로는 한계가 있어요. 이럴 때 회사는 주식을 활용해요.

물론 돈을 마련할 수 있는 방법에는 은행도 있고, 다른 개인에게 돈을 빌릴 수도 있어요. 그런데 이런 방법들과 주식은 큰 차이점이 있죠. 보통 누군가에게 돈을 빌리면 그 돈을 갚아야 하잖아요. 그런데 주식으로 투자받으면 회사는 그 금액을 투자자에게 돌려줘야 할 의무가 없어요. 즉, 원금 반환 의무가 없는 거죠. 원금을 돌려줄 부담이 없으니 주식을 통해 자금을 마련하는 게 좋겠죠? 그래서 투자자들은 주식을 사는 시점보다, 앞으로 더 성장할 가능성이 있는 회사에 투자하는 게 중요해요. 내가 투자할 회사가 점점 돈을 많이 벌고 있는지, 회사 규모는 어느 정도인지 등 다양한 데이터를 확인하는 건 필수죠.

어릴 때 학교 앞에서 300원이면 컵 떡볶이를 먹을 수 있었고, 500원이면 더 두둑하게 먹을 수 있었어요. 그런데 지금은 분식집에서 떡볶이를 먹으려면 1인분에 3,000원은 기본이잖아요. 더 설명하지 않아도 물가는 계속 상승한다는 걸 잘 알 거예요. 이런 현상을 '인플레이션'이라고 불러요. 어릴 때는 3,000원이면 떡볶이를 10번이나 먹을 수 있었지만, 지금은 그렇지 않은 것처럼 예전의 3,000원과 지금의 3,000원은 그 가치가 다르죠.

시간이 지날수록 화폐 가치는 점차 하락하니까 돈을 현금으로만 가지고 있으면 결국 손해를 볼 수밖에 없겠죠?

주식시장은 길게 보면 우상향하는데, 물가 상승률보다 더 높은 수치로 오르고 있어요. 그래서 주식은 이러한 인플레이션으로부터 우리를 보호하는 수단이자, 자산 증식 효과까지 있다고 할 수 있답니다.

주가지수란?

'주식 투자를 하는 게 괜찮을까?' 저 역시 이런 불안이 있었는데, 주가지수를 보고 어느 정도 이해가 가서 투자하게 됐어요. 주식은 단기적으로는 하락하지만, 지속해서 상향한다는 걸 주가지수를 통해 확인할 수 있었죠. 주가지수는 주식시장에 있는 종목의 주가를 합쳐서 나타내고 있는 지수고, 한국 시장을 대표하는 주가지수로는 코스피와 코스닥이 있어요.

코스피에는 우리가 잘 알고 있는 삼성전자, 네이버, 카카오 같은 대기업 또는 중견기업이 들어 있어요. 코스닥은 벤처기업과 중소기업 위주로 구성되어 있죠. 코스피가 유명 브랜드 상품을 파는 백화점이라면, 코스닥은 이마트라고 생각하면 쉬울 거예요. 이마트에서도 검증되지 않은 상품은 팔기 어려운 것처럼 코스피, 코스닥 둘 다 심사를 거치기 때문에 아무 회사나 이 시장에 들어올 수는 없어요. 각 시장에 들어와 주식을 파는 걸 '상장한다'라고 말해요.

코스피 지수는 1980년 1월 4일을 기준으로 이날의 종합지수를 100으로 정했어요. 현재의 코스피 지수는 2023년 1월 초 기준 2,359예요. 이 숫자는 기준시점에 비해 시장 전체의 시가총액이 23배가 되었다는 걸 의미해요. 당시 코스피 주식을 천만 원어치 사두었다면, 지금은 2억 2천만 원이 되어 있을 거라는 뜻이죠.

한참 장이 좋을 때 코스피 지수가 3,000을 넘었던 적이 있었는데, 현재는 다시 많이 빠진 상황이에요. 그럼 미국 주식시장은 어떤지 한 번 볼까요?

미국 주식시장에도 우리나라의 코스피, 코스닥과 비슷한 S&P 500과 나스닥이라는 게 있어요. S&P 500은 미국의 대표적인 우량주 500개를 모아둔 지수인데요. 미국 주식시장을 대표하는 지수로 쓰여요. S&P 500 지수를 보면 지난 30년간 무려 24배나 상승했어요. 1992년 8월 162포인트에서 2023년 1월 현재 3,969포인트가 됐으니 말이에요. 메타, 애플, 구글 같은 IT 기업의 덩치가 커지고 있어서 이런 IT주나 성장주들이 다수 상장된 나스닥 시장의 입김도 강해지고 있는 상황이에요.

코스피 지수의 변화

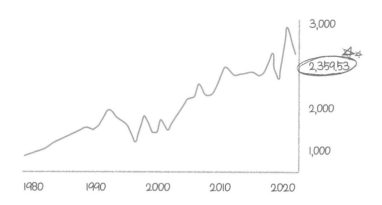

미국 S&P 500 지수의 변화

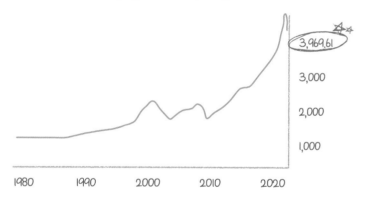

오르락내리락하지만
결국은 우상향인 게 포인트!

주식, 어떻게 투자하는 게 좋을까?

주가지수를 통해 주식시장의 성장세를 확인했지만, 어떻게 접근해야 할지는 막막할 거예요. 도대체 뭘 먼저 해야 하는지 감이 오지 않는 게 정상이니 당황할 필요는 없어요. 저 역시 긴 시간 여기저기 기웃대며 방황했는데, 다행히 지금은 저만의 방법을 찾아 꾸준히 하고 있어요. 현생에 집중할 수 있는 투자를 하려고 노력했더니 결국 기본으로 돌아가게 되더라고요.

조금만 둘러봐도 주식 투자 전문가는 너무 많으니 제가 여기서 주식 투자가 이렇다 저렇다 말하는 건 별 의미가 없을 거예요. 그래서 어떻게 전하면 좋을지 고민하다가 제가 찾은 방법과 과정을 알려주면 어떨까 싶었어요. 다른 사람의 투자 방법을 보는 것도 재미있지만, 그 투자 방법을 찾기까지의 과정이 도움이 될 것 같아요. 참고해서 여러분도 자기에게 맞는 방법을 찾길 바랄게요.

저는 미국 우량주에 투자해요. 우리나라도 아니고 갑자기 미국이 나와서 놀랐나요? 미국 주식시장은 세계에서 가장 선진화된 자본시장으로 평가받고 있어요. 개방성, 회계 투명성, 주주환원 정책 등 다양한 측면에서 성숙도가 높은 시장이에요. 미국 주식시장을 대표하는 S&P 500 지수 차트에서 본 것처럼 꾸준히 우상향하고 있는 시장이기도 하지요.

미국주식이라고 하면 '외국 회사를 어떻게 알고 투자해?'라고 할 수 있지만, 사실 찾아보면 친숙한 글로벌 브랜드가 많아요. 지금 쓰고 있는 스마트폰만 해도 아이폰이 많죠. 가로수길에 가보면 애플 매장에는 항상 사람이 많아요. 제가 가장 많이 이용하는 앱은 유튜브, 인스타그램인데요. 유튜브, 인스타그램은 현재 가장 핫한 SNS잖아요. 이런 것들을 만드는 회사가 모두 미국 주식시장에 상장되어 있어요. 아이폰은 애플, 유튜브는 알파벳, 인스타그램은 메타 이렇게요.

이 회사들 외에도 미국에는 글로벌하게 돈을 잘 벌고 있는 회사가 정말 많아요. 하지만 미국 기업이 좋다고 아무 주식이나 사지는 않았어요. 현재의 가격이 그 회사의 가치를 반영하지 못한다고 생각할 때 투자했는데, 어떻게 판단하면 되는지는 뒤에서 자세히 알아볼게요. 제 주식 포트폴리오에서 미국주식 비중은 90% 정도 돼요.

처음에는 국내주식 비중도 적지 않았는데 점차 줄인 이유가 있어요. 첫 번째 이유는 주가가 실적을 따라가지 못하는 경우가 많고, 심리에도 너무 크게 흔들리더라고요. 원래 주가는 인간이 예측할 수 없다고 하지만 그걸 넘어 비이성적인 시장이라고 느껴졌어요. 미국주식이 안 좋은 날에는 국내 주식시장이 별다른 이슈 없이 바로 흘러내려요. 그럼 미국주식이 좋을 때는 국내주식도 함께 좋아지는가 하면 그것도 아니었고요.

두 번째 이유는 현생에 집중하기가 어려워서예요. 대다수 직장인은 국내주식 개장 시간인 9시부터 장 마감인 15시 30분까지 내내 직장에 있어요. 저 역시 직장인이었을 때 국내주식을 했는데, 자꾸 업무 중에 주식 생각이 나더라고요. 괜히 뉴스를 기웃거리면서 무슨 일이라도 터지지 않았나 신경 쓰이고요. 누군가는 기업에 대한 믿음이 있으면 신경 쓰지 않는다고 하던데, 보통 사람인 저는 머리와 몸이 따로 놀았어요. 결국 제가 주식 투자를 하기로 결심했던 취지인 '내가 일할 때, 돈도 일하게 하자'와 많이 벗어난 모습을 보면서 국내주식 비중을 대폭 줄이게 됐답니다.

미국주식 – 처음이라면 4단계만 기억하자!

'주식이 정말 처음이라면 어떻게 하면 좋을까?' 분위기 파악은 대충 했으니 이제 구체적인 걸 알아볼게요. 처음부터 너무 어려운 이야기를 하면 시작하기도 싫어지잖아요. 쉽게 이해할 수 있는 내용에서 출발할 테니 천천히 따라오면 됩니다.

미국 주식을 하려고 증권사 화면을 띄웠어요. 종목이 어찌나 많은지 당장 눈앞에 보이는 건 영어랑 숫자뿐일 거예요. 그냥 매수하면 안 될 것 같은 예감은 드는데, 어떤 걸 확인하고 매수해야 하는지 전혀 감이 잡히지 않죠. 괜찮아요. 저도 그랬거든요. 여러 시행착오를 거쳐 정착한 이 4단계를 활용하면 좀 더 수월할 거예요.

첫 번째, 미국에 상장되어 있는 주식 중 내게 익숙한 회사를 찾아봐요. 미국주식에 투자하기로 맘먹고 제일 먼저 한 일은 증권사 앱을 설치한 후 내게 익숙한 회사 3개 정도를 찾아보는 거였어요. 기본적으로 '관심이 있는' 회사에 대해 알아보는 게 더 재미있고, 이해하기도 수월하더라고요. 우리에게 익숙한 회사는 높은 확률로 우량 회사일 경우가 많고요. 만약 증권사 앱을 봤는데도 정하기 어렵다면 미국 시가총액 1~5위 기업 중에서 찾아도 좋아요.

이때 주의할 점은 현재가의 함정에 빠지면 안 된다는 거예요. 저도 처음에는 '버크셔 해서웨이는 한 주에 48만 달러이고, 애플은 133달러니까 버크셔 해서웨이가 더 몸값이 비싼 회사인가보다'라고 생각했는데요. 정말 몸값이 비싼 회사인지 확인하려면 '현재가'가 아니라 '시가총액'을 보는 게 맞아요. 주가가 올라서 한 주의 가격이 너무 커지면, 보통 그 한 주를 쪼개서 여러 주로 만들고 한 주의 가격을 낮추거든요. 그래서 진짜 이 회사의 주식 규모를 보고 싶다면 시가총액을 봐야 해요. 시가총액이란 '발행 주식수 × 현재가'라고 생각하면 돼요. 전체 규모를 보는 거죠.

미국 시가총액 1~5위 기업

시가총액 **$2조 1천억**

현재가 : $133

시가총액 **$1조 7천억**

현재가 : $235

Google
알파벳 Class A

시가총액 **$1조 1천억**

현재가 : $91

amazon

시가총액 **$9천억**

현재가 : $95

BERKSHIRE
HATHAWAY
HomeServices
버크셔 해서웨이 Class A

시가총액 **$7천억**

현재가 : $483,990

※2023. 1. 11. 장 마감 기준(단위: 달러)

두 번째, 3대 금융 웹사이트를 활용해 필수 체크리스트에 답변해 보세요. 가장 궁금한 회사를 찾은 후에는, 조금 더 자세한 데이터를 보면서 회사의 현재 상태를 확인했어요. 회사 상태를 확인할 때 참고하면 좋은 금융 웹사이트 세 곳을 소개할게요. 주식 투자를 할 때 자주 보게 될 금융 플랫폼들이니 알아두면 많은 도움을 받을 수 있을 거예요.

먼저 '위불(webullapp.com)'은 보기에 가장 깔끔한 인터페이스를 제공하고, 시간대별 주요 뉴스를 한 줄로 간단히 확인할 수 있다는 장점이 있어요. 'News' 탭의 '7×24'를 활용해 보세요. 또 '야후파이낸스(finance.yahoo.com)'는 유사 종목을 추가하면 차트에 함께 놓고 볼 수 있어서 차트를 봐야 할 일이 있을 때 편해요.

'인베스팅닷컴(kr.investing.com)'은 한국어가 지원된다는 압도적인 장점이 있어요. 각 회사의 개요부터 관련 뉴스, 애널리스트 목표가 등까지 전반적인 내용을 한 번에 확인할 수 있어요. 경제 캘린더도 깔끔해서 실적발표 시즌에 보기에도 편하죠. 주식 용어도 낯선데 영어로 내용을 정확히 파악하긴 어려우니, 처음이라면 인베스팅닷컴을 먼저 본 후 다른 사이트를 참고하길 권할게요.

아무리 방대한 데이터가 있어도 뭘 봐야 할지 모를 수 있잖아요. 그래서 저는 필수 체크리스트를 만들어 각 종목을 정리하는 것에서 시작했어요. 그다음엔 위 세 곳의 웹사이트를 중심으로 네이버, 구글 등 찾아볼 수 있는 건 모두 적극적으로 찾아봤어요. PER이니 PBR이니 주식 관련 수치가 있지만 처음에는 이 필수 체크리스트 정도만 확인해도 충분해요. 이것조차 하지 않는 사람도 정말 많거든요. 차차 익숙해지면 나름의 기준이 생길 테니 천천히 가보세요. 지금은 주식을 사기 전에 '투자할 회사를 볼 때는 이런 걸 확인해야 하는 거구나' 하고 감을 잡는 과정이라고 생각하면 좋을 것 같아요.

필수 체크리스트에 답변하기

- ☐ 회사의 현 상태(최근 실적은 상승세인지 하락세인지)
- ☐ 주요 뉴스(어떤 사업으로 돈을 벌고 있는지, 악재는 없는지)
- ☐ 동종 산업에서의 입지
- ☐ 향후 기대할 만한 이슈 여부

세 번째, 긍정적인 답변이 나온 종목을 소량 매수하고 2주간 지켜봐요. 체크리스트 답변을 기반으로 가장 긍정적인 종목을 선택했어요. 이런 과정을 거치는 이유는 결국 '내가 마음 편하게 갖고 있을 수 있는' 주식을 사는 게 중요하기 때문이에요. 아무리 남들이 좋다고 해도 '이 회사는 더 잘될 거야'라는 판단이 없으면 결국 주가가 오르내릴 때 쉽게 흔들리기 마련이거든요.

또 나름대로 준비했지만 우선 소량만 매수하고 추이를 지켜봤어요. 아직 공부가 완벽하게 되지 않았는데, 소량이라도 매수한 이유는 생각보다 내 돈이 들어가 있을 때와 그렇지 않을 때의 관심도에 차이가 생기기 때문이에요. 2주 동안은 추가 매수 없이, 그 회사에 대해 더 많이 공부하면서 주가의 흐름을 보기만 했어요. 그러다가 그 주식을 앞으로 계속 담아도 되겠다는 생각이 들면 네 번째로 넘어갔지요.

주식 매매법이라고 나와 있는 정보는 정말 많은데요. 우리는 전문 주식 트레이더가 될 게 아니고, 본업을 충실히 하는 사이에 '잠자고 있는 돈을 일하게 만들자'라는 게 목표잖아요? 그래서 크게 신경 쓰지 않고 맘 편히 갖고 있을 수 있는 종목을 찾는 게 포인트랍니다.

네 번째, 적립식으로 매수해요. 단, 이럴 때는 조심하세요!

처음에 주식 투자를 할 때 했던 실수가 주가가 오를 때 사고 내릴 때 파는 거였어요. 주가가 오를 때는 더 오를 것 같으니까 계속 놔두다가, 떨어질 때는 끝도 없이 떨어질 것 같은 불안 때문에 빨리 매도해 버리는 거죠. 그걸 방지하려면 어떤 종목을 매수할 나만의 규칙을 정하는 게 필요하겠더라고요. 월급날 고정적으로 몇 주, 이렇게요.

주식은 결국 복리를 잘 활용해야 하는 것 같아요. 한 번에 많은 걸 다 가질 생각보다는, 천천히 그리고 튼튼히 모아가는 것에 초점을 맞추는 거죠. 세상에 쉽게 빨리 얻어지는 건 없으니까요. 투자할 주식은 3년에서 5년을 보고 계속 적립하듯이 매수하는 편인데, 조금 주의해야 하는 시기가 있어서 이야기해 볼까 합니다.

하나는 실적발표 시즌인 '어닝시즌'이에요. 기업 실적이 기대보다 더 안 나오면 주식가격이 많이 떨어질 수 있어요. 가차 없이 떨어지는 경우도 봤어요. 이 시기에 기업은 애널리스트들과 Q&A 세션을 열기도 하는데, 여기서 나오는 경영진의 말에 의해서도 주가가 출렁거릴 정도예요. 굉장히 예민한 시기라 어닝시즌에는 인베스팅닷컴(investing.com)에서 애널리스트 컨센서스를 꼭 확인해요. 실적 예측치를 확인할 수 있거든요. 예측치가 전 분기에 발표한 실적보다 더 많이 오른 경우에는 실적발표 전부터 주가가 들썩여요. 예측치처럼 100% 흘러가는 건 아닌데도 불구하고 말이에요. 혹시 '어닝 서프라이즈'라는 말을 들어본 적 있나요? 어닝 서프라이즈는 실적이 예측치보다 더 잘 나온 경우를 말해요. 반대인 경우는 '어닝 쇼크'라고 합니다. 상황에 따라 팔아서 수익 실현을 할 수도 있고, 저가 매수를 할 수도 있으니까 신중하게 주가의 변동을 확인해야 해요.

또 다른 하나는 주가가 급락했을 때입니다. '주가가 아무리 떨어져도 내가 처음 보유한 주식은 무조건 적립식으로 매수한다?' 이건 아니에요. 주가가 떨어지는 게 일시적인 현상이라면 오히려 저가 매수 기회라고 생각할 수 있지만, 장기적으로 실적에 영향을 미치는 요인이 발생했다면 매도를 신중히 고려해야 해요. 그러니 주가가 떨어진다면 이게 일시적인 현상인지 아닌지를 확인해 보세요. 저는 크게 3가지를 보고 결정해요. 결국 주식 투자를 하려면 어느 정도는 부지런해질 필요가 있더라고요. 투자할 회사를 찾았다고 손을 놓을 게 아니라, 보유 중에도 계속 이 회사가 돈을 잘 벌어다 줄 회사인지 지켜보는 게 중요하니까요. 저평가된 이 회사의 진짜 가치가 내 생각과 일치하는지 계속해서 점검하는 거죠.

주가가 떨어진다면 봐야 할 3가지

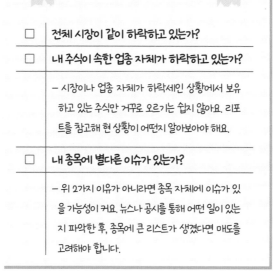

☐ **전체 시장이 같이 하락하고 있는가?**

☐ **내 주식이 속한 업종 자체가 하락하고 있는가?**

- 시장이나 업종 자체가 하락세인 상황에서 보유하고 있는 주식만 거꾸로 오르기는 쉽지 않아요. 리포트를 참고해 현 상황이 어떤지 알아보아야 해요.

☐ **내 종목에 별다른 이슈가 있는가?**

- 위 2가지 이유가 아니라면 종목 자체에 이슈가 있을 가능성이 커요. 뉴스나 공시를 통해 어떤 일이 있는지 파악한 후, 종목에 큰 리스트가 생겼다면 매도를 고려해야 합니다.

뽕글 TIP

미국주식 심화 Ver.

수준을 높이고 싶다면 기업 정보를 분석하는 연습이 필요해요. 저도 시간을 내서 체크하는 편인데요. 국내주식은 한국증권거래소의 전자공시 시스템인 다트(DART: dart.fss.or.kr)에서 확인할 수 있고, 미국주식은 미국증권거래위원회 공시 시스템인 EDGAR(www.sec.gov/edgar)에서 확인할 수 있어요.

네이버 금융에도 잘 나와 있지만 해당 기업에 대한 좀 더 자세한 내용을 볼 수 있어요. 각 사이트 활용법을 여기서 다 다룰 수는 없으니, 뒤에 소개하는 주식 전문 책이나 검색 등을 통해 천천히 배워보세요.

거래는 언제 할 수 있을까?

미국 증시는 뉴욕 증권 거래소가 있는 뉴욕 동부 표준시를 기준으로 장이 열리고 닫혀요. 우리나라 시간으로 따지면 밤에서 새벽 시간대, 즉 우리가 잠드는 시간에 정규장이 열리고 닫히죠.

미국 정규 거래시간		한국 시간으로는?
기존	오전 9시 30분~오후 4시	밤 11시 30분~다음날 오전 6시
서머 타임	오전 8시 30분~오후 3시	밤 10시 30분~다음날 오전 5시

→

그렇다고 미국주식을 하기 위해 무조건 그 시간대에 깨어 있어야 하는 건 아니에요. 정규 시간의 시장가로 주식을 사고팔 수 있도록 예약 주문을 걸어 놓을 수도 있거든요. 그럼 내가 자는 사이에 예약한 대로 매매되어 있을 거예요. 정규 시간 전후로 열리는 비정규장도 있는데요. 증권사마다 조금씩 다르니까 이건 이용하는 증권사 사이트를 참고해 주세요. 참고로 프리마켓은 한국시간 기준 18:00~23:30이고, 애프터마켓은 한국시간 기준 06:00~08:00입니다.

세금은 어떨까?

세금도 국내주식과는 조금 달라요. 중점적으로 알아둬야 할 건 '양도소득세'입니다. 2023년인 현재 국내 주식 투자를 통해서 번 수익에 대해서는 세금을 내지 않아요. 배당에 대해서만 배당소득세 15.4%를 내게 되어 있죠. 그런데 해외주식은 양도소득세를 납부해야 해요. 1년 동안 해외주식 투자를 통해 번 수익이 250만 원 이내라면 괜찮지만, 250만 원을 초과하면 초과분에 대해 22%의 양도소득세를 납부해야 하는 시스템이에요. 흔히 현재 자신의 주식계좌에 있는 잔금을 수익금으로 착각하기 쉬운데요. 그게 아니라 1년 동안 매도하여 '수익을 실현한' 금액이 대상이니까 참고하세요.

또, 미국주식은 달러로 거래하게 되어 있어서 환전이 필요해요. 환전할 때마다 환전 수수료가 발생하기 때문에 환율을 참고해서 거래하는 게 좋아요. 환율이 낮을 때는 매수를 많이 하고, 매도는 환율이 높을 때 하면 환차익까지 얻을 수 있겠죠?

지금까지 미국 우량주 투자에 대해 알아봤어요. 이런 개별 주식에 투자했다면 주의할 것 하나만 더 전할게요. 내가 투자한 기업을 '마냥' 사랑해서는 안 된다는 거예요. 투자한 후에는 내 포트폴리오에 있는 종목과 시장에 지속적인 관심을 보이는 게 참 중요하더라고요. 우량주 투자의 장점은 투자 관련 정보들이 곳곳에 많다는 거예요. 국내 증권사 리포트에서도 확인할 수 있고, 개인투자자의 인사이트가 담긴 양질의 콘텐츠도 쉽게 접할 수 있어요. 계속해서 그 기업의 성장 가능성과 실적, 뉴스, 해당 사업에 영향을 주는 요인들을 점검해 보세요.

ETF 투자 – 계란을 한 바구니에 담지 마라!

앞에서 미국 우량주 투자를 말했지만 종목 선정부터 투자 과정까지 고려해야 할 게 많아서 조금 어렵게 느껴질 수 있어요. '어렵다! 근데 포기하긴 싫어. 기본 흐름이라도 먼저 알고 싶다.' 이런 사람이라면 ETF라는 걸 떠올려 보세요.

　주식 투자의 유명한 격언 "계란을 한 바구니에 담지 마라"라는 말을 들어봤을 거예요. 계란을 한 바구니에 보관하다가 실수로 떨어뜨리기라도 하면 몽땅 깨져버릴 거잖아요? 주식에 투자할 때도 한 종목에 너무 집중하지 말고 위험을 분산하라는 말이에요. 그럼 어떻게 위험을 분산해야 할까요? 가진 돈이 200만 원인데, 여러 종목을 한 주씩 사두면 될까요?

이럴 때 활용할 수 있는 게 바로 ETF더라고요. 우리 돈은 한정되어 있으니까 여러 사람의 돈을 함께 모아서 대표적인 종목들을 매수하는 거죠. 이렇게 사는 걸 '인덱스펀드'라고 불러요. 처음엔 '펀드'라는 단어를 듣고 '펀드매니저가 있어야 하는 거 아니야?' 싶었어요. 펀드매니저를 통해 투자하면 수수료를 많이 내야 한다는 말을 어디선가 듣고는 지레 겁을 먹었죠. 그런데 알고 보니 ETF는 펀드매니저 없이 일반인들도 사고팔기 쉽게 만든 거더라고요. ETF는 직접 실시간으로 주식처럼 매매할 수 있어요. 펀드매니저를 통한 펀드보다 수수료도 상대적으로 저렴한 편이고요. 뭔가 괜찮아 보이지만 아직 감이 안 올 거예요.

ETF란?

국내주식에 관심 있는 사람도 있을 거예요. ETF로 국내주식에 투자할 수도 있으니 국내 ETF를 먼저 볼게요. ETF 이름이 'KODEX 코스피' 식으로 되어 있어서, 처음에 보면 어렵게 느껴질 수 있어요. 사실 알고 보면 간단해요.

앞에 있는 영어가 뭘 의미하는지부터 볼게요. 치킨을 예로 들면 BHC를 확 띄워준 메뉴가 뿌링클 치킨이죠? 뿌링클 치킨이 인기를 얻은 후로 뿌링콜팝, 뿌링맵소킹 등 다 '뿌링'이라는 단어를 앞에 붙인 메뉴가 나오고 있어요. 이제 별 설명이 없어도 '뿌링○○○'이라는 메뉴 이름만 봐도 BHC가 만든 건지 바로 알죠. 이렇게 그 펀드를 만든 자산운용사만의 고유 브랜드를 영어로 표기해요. 삼성 자산운용은 KODEX, 미래에셋 자산운용은 TIGER, 한화 자산운용은 ARIRANG이죠. 그 뒤에는 어떤 것에 투자하는지를 나타내는 거예요. '코스피'라고 적혀 있으면 코스피 전체에, '2차전지'는 2차전지 산업과 관련된 회사를 묶어서 투자하는 거죠.

'코스피는 코스피에, 2차전지 테마는 2차전지 산업과 관련된 회사를 묶어서 투자한다'고 쉽게 말했지만, 모든 회사에 같은 비율로 투자하는 건 아니니 주의하세요. 23년 1월 기준으로 KODEX 코스피 종목 TOP 10은 다음 페이지에 있는 그림처럼 구성되어 있어요. 삼성전자가 차지하고 있는 비율이 낮지 않죠?

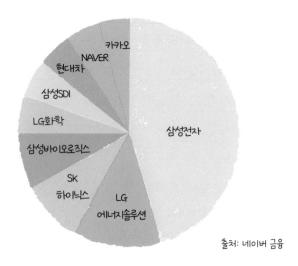

KODEX 코스피 종목 TOP 10

카카오
NAVER
현대차
삼성SDI
LG화학
삼성바이오로직스
SK
하이닉스
LG
에너지솔루션
삼성전자

출처: 네이버 금융

코스피 투자이긴 하지만, 전체 코스피에 골고루 투자하는 게 아니라 우량한 기업에 더 큰 비율로 투자하는 거예요. 개별 주식보다는 머리가 덜 아프지만, 적어도 각 ETF가 어떤 비율로 구성되어 있는지 정도는 확인하고 사는 게 좋겠죠? 쉽게 확인할 수 있어요. 네이버 금융에 들어가 해당 ETF를 검색한 후 ETF 분석에 있는 CU당 구성종목을 참고하면 돼요.

주식이 처음이라면 개별종목을 바로 사는 것보다, 이렇게 특정 분류로 묶여 있는 ETF를 사며 감을 익히는 게 좋아요. 좀 더 쉽게 시장을 이해할 수 있을 거예요.

크게 나눠본 ETF의 종류

주가지수

S&P 500 같은
시장 지수를 추종하는 ETF

원자재

금, 은, 구리, 콩 등의
상품 가격을 추종하는 ETF

인버스

주가지수 방향과
반대 방향을 추종하는 ETF

산업

2차 전지, 메타버스 등
특정 산업을 추종하는 ETF

미국주식에도 당연히 ETF가 있어요. ETF라는 게 미국에서 처음 만들어진 거라 굉장히 잘 되어 있죠. 우리나라에 코스피가 있다면, 미국에는 S&P 500 지수가 있다고 했죠? S&P 500 지수를 따르는 ETF는 SPY(SPDR S&P 500 ETF Trust)예요. 우리나라 투자자들도 상당히 많이 보유하고 있을 정도로 가장 대중적인 ETF랍니다. 가장 큰 시장인 미국 시장, 그 시장에 상장된 종목 중에서도 가장 우량한 회사를 품고 있는 ETF라서 신뢰가 커요.

미국 ETF는 ETF.com에서 찾을 수 있어요. 사이트에 들어간 후 'Tools&Data – Screener&Database' 메뉴를 보면 무려 3,000개가 넘는 ETF가 나와요. 당연히 무작정 보면 안 되겠죠. 저는 AUM 높은 순서, 즉 운용자산 규모가 큰 순서로 봐요. 운용자산 규모가 크면 비교적 안전하다는 특징이 있으니까 다른 사람들도 대부분 이 순서로 본답니다.

영어 앞에 무너지지 말고 구글번역 기능을 적극적으로 활용하세요. 종류가 너무 많아 막막할 게 당연해서, 대중적이고 우량한 ETF 몇 개를 아래에 정리해 두었어요. 이곳들부터 공부하면 도움이 될 거예요.

SPY, IVV, VOO: S&P 500 투자

QQQ: 나스닥 투자

VTI: 미국에 상장된 전체 기업투자

VT: 전 세계에 상장된 기업투자

VEU: 미국 제외 세계 기업투자

TLT, IEF, SHY: 미국 채권 투자(순서대로 만기 기간 장기, 중기, 단기)

ETF 투자 심화 Ver.

ETF를 매수할 때 같이 하면 좋은 건 백테스트를 돌려보는 거예요. '백테스트'란 쉽게 말해서 내가 언제 투자했을 때 얼마나 오르고 내렸을지를 시뮬레이션해 보는 거예요. 저는 백테스트를 이것저것 돌려보면서 인사이트를 얻는 편이에요. SPY를 특정 일자부터 현재까지 보유하고 있을 경우의 수익률을 한 번 볼까요?

포트폴리오 비주얼라이저 사이트를 이용하면 무료로 쉽게 이런 수치를 확인할 수 있어요. 사이트에 들어간 후 'Backtest Portfolio' 메뉴를 클릭하고 시작 연도(Start Year)와 끝나는 연도(End year), 투자금액(Initial Amount)을 입력하세요. 그 외 다양한 조건값도 정할 수 있어요. 저는 2000년을 시작 연도로, 2022년을 끝나는 연도로 지정했고, 투자금액은 약 천만 원 수준인 10,000달러로 입력해 봤어요. 그랬더니 이런 결과가 나왔어요.

Portfolio Returns						
Portfolio	Initial Balance	Final Balance	CAGR	Stdev	Best Year	Worst Year
SPDR S&P 500 ETF Trust	$10,000	$39,967 ❶	6.26% ❶	15.43%	32.31%	-36.81%

출처: 포트폴리오 비주얼라이저(www.portfoliovisualizer.com)

39,967달러가 되어 있는 거예요. 금액상으로는 무려 4배가 넘지만, 전체 수익률로는 6.26%라고 나온 게 보이죠? 최고의 해(Best Year)에는 32.31%의 수익률을 올리지만, 최악의 해(Worst Year)에는 -36.81%까지 내려갔어요. 결과 아래 차트가 나오는데, 거기에서 연도별 수익률을 확인할 수도 있어요. 그걸 보며 그때 무슨 일이 있었길래 이런 수익률이 나왔는지 역으로 분석해 나간다면 더 깊이 이해할 수 있을 거예요.

여기서는 SPY 하나만 분석했지만 궁금한 다른 ETF와 함께 비율을 조정해서 결괏값을 확인할 수도 있어요. 예를 들면, 주식시장이 좋지 못할 때는 안전자산인 채권이나 금의 비중을 조금 더 담아두는 게 좋은데요. 그렇게 포트폴리오를 짰을 때와 그렇지 않았을 때의 수익률은 어떤지 등도 넣어 이것저것 돌려보는 거죠. 책으로 읽는 것도 좋지만, 내 생각을 담은 포트폴리오 분석 결과를 보며 '왜 이런 수치가 나왔을까?' 직접 의문을 품고 알아보는 연습을 많이 해보는 걸 추천할게요. 그래야 나만의 시각이 생긴답니다.

높은 수익률에 집착할 필요 없는 이유

'복리의 마법'이라는 말을 들어봤을 거예요. 우리가 통장에 돈을 가만히 넣고 있으면 안 되는 이유가 바로 이 복리, 더 정확히 말하면 복리 효과를 누릴 수 없기 때문이에요. 재테크를 하겠다면서 복리를 모른다는 건 말도 안 돼요. 오죽하면 '마법'이라는 말이 나왔겠어요.

원금 10,000원을 투자한다고 가정해 볼게요. 10% 수익이 나면 11,000원이죠? 그런데 이 금액을 그대로 두고 또 10% 수익이 나면? 그때는 10,000원이 아니라 11,000원에 대한 수익금을 얻을 수 있어요. 원금과 이자가 합쳐져 재투자되면서 같은 수익률이라도 수익금이 훨씬 커지는 형식이죠. 복리는 시간이 지날수록 더 큰 힘을 발휘하는지라 앞으로도 투자할 시간이 많은 젊은 우리에겐 너무 좋은 거죠. 아직 감이 안 올 테니 현실감을 반영해 봅시다. 자, 열심히 돈을 모아서 3,000만 원을 마련했어요. 이 돈을 투자금 삼아 연평균 10% 수익을 낸다고 가정했을 때 복리가 적용되면 어떤 결과가 나오는지 확인해 보세요. 10% 수익이 너무 적다고 느꼈던 과거의 제 생각을 단번에 바꿔준 결과였어요.

처음 1년은 3,300만 원이었지만 20년이 지나면 2억이 돼요. 심지어 20년 동안 더 투자하지도 않았고 원금 3,000만 원을 그대로 둔다는 조건이었다는 거! 만약 추가 매수를 계속했다면 금액은 더 커졌겠죠. 놀랍지 않나요? 주식 투자를 왜 해야 하는지 처음으로 깊이 이해한 순간이었어요. 지금이야 수익률 10%가 계좌에 큰 금액을 안겨주지 않으니 '겨우 이거야?' 싶겠지만, 여기에 시간이 더해지면 빈말로라도 '겨우'라고 할 수 없죠.

결국 투자에 중요한 건 '수익금'이잖아요. 수익률을 높이겠다는 생각보다는 '어떻게 이걸 오래 흔들림 없이 잘 투자해서 수익금을 더 많이 가져갈까?'에 초점을 맞춰야 해요. 20대에 투자를 시작해서 운용만 잘하면 40~50대에는 복리의 달콤한 열매를 따 먹을 수 있게 되는 거죠. 왜 10% 수익이 적은 게 아닌지 진지하게 생각해 보길 바라요.

복리 계산하는 방법

1년 후   3,000만 원의 10%니까
→ 3,000 + 300이죠?

> 1년 동안 300만 원이 늘었고,
> 이제 가진 돈은 3,300만 원이 됐어요.

2년 후   3,300만 원의 10%니까
→ 3,300 + 330이에요.

> 1년 동안 330만 원이 늘었고,
> 이제 가진 돈은 3,630만 원이 됐어요.

3년 후   3,630만 원의 10%니까
→ 3,630 + 363 = 3,993만 원

4년 후   3,993만 원의 10%니까
→ 3,993 + 399.3 = 4,392.3만 원

5년 후   4,392.3만 원의 10%니까
→ 4,392.3 + 439.23 = 4831.53만 원

10년 후   7,781만 원

20년 후   2억 182만 원

40년 후   13억 5,778만 원!

목표 수익률은 연 몇 %로 잡아야 할까요?

처음 투자하면 수익률 목표를 어떻게 잡아야 할지 감이 잘 안 올 거예요. 누구는 주식으로 몇십억 원 자산가가 됐다고 하니까 은근히 나도 그런 수익률을 기대하고 싶은 게 사람이죠. 저는 신규 투자자가 합리적으로 잡을 수 있는 목표 수익률은 연 7~10% 정도라고 봐요. 우리는 전업 투자도 고위험 투자도 아닌, 현생에 방해되지 않는 투자를 하는 것이니까요.

초반 몇 년은 이 수익률이 아쉬울 수 있지만, 앞에서 말한 복리의 마법이 더해지는 순간 수익금은 또 불어나게 되어 있어요. 연 목표 수익률을 늘리는 것도 좋지만 장기적으로 흔들리지 않는 투자를 하는 게 더 중요하다고 생각합니다. 계속 공부하면서 투자하다 보면 나만의 노하우가 생길 거고, 그때는 그때 실력에 맞춰서 목표를 조정해 가면 되는 거죠. 하나 꼭 기억해야 할 건 안정된 투자를 하기까지 시행착오가 있을 수밖에 없다는 거예요. 몇 번 손실이 났다고 '역시 난 주식이랑 안 맞아' 하며 주식시장에서 손을 떼지는 마세요. 내 투자방식에 잘못된 건 없는지, 내가 간과한 건 없는지 복기하는 과정을 거치며 겸손하게 배워 갔으면 좋겠어요. 저 역시 배우는 과정에 있어요. 결국 중요한 건 롱런이라는 거!

게다가 주식 투자를 해보니 예상치 못하게 삶에 좋은 영향을 주더라고요. 투자할 기업이나 회사가 어떻게 돌아가는지 기업 소식에 관심이 생기고, 그 회사의 사업분야에 대해 자연스럽게 공부하게 되는 식으로 말이죠.

평소에는 단순한 소비자로서 그 기업을 봤다면, 이제는 '이런 시스템을 도입하면 결과적으로 적자가 계속 날 텐데 괜찮을까?' 하며 한 번 더 깊게 생각해 볼 수 있어서 좋았어요. 제대로 된 가치를 파악하려면 내가 잘 알고 있는 게 중요하니까요. 뭔가를 사려고 할 때도 '이 돈이면 이 주식이 몇 주인데' 이런 생각이 들어서 참게 되기도 하고요. 일반 소비자 관점에서 투자자 관점으로 바뀌게 되는 거죠.

세상을 좀 더 넓은 시야로 볼 수 있게 되었고, 소비 심리도 절제할 수 있게 됐어요. 내가 긍정적으로 바뀌고 있다는 걸 깨닫는 것만으로도 너무 즐거운 것 아닌가요? 무슨 일이든 '그냥' 하는 게 아니라 그 일에서 비롯된 긍정적인 요인을 찾아 집중하다 보면 되게 재밌거든요.

내가 좋은 방향으로 나아가고 있다는 걸 인지하고, 앞으로도 열심히 투자할 수 있었으면 좋겠어요. 주식 투자를 하다 보면 검색만으로는 한계가 있다는 느낌이 들 거예요. '조금 더 구체적인 정보는 없을까?' 이런 생각이 들 때 참고하기 좋은 곳들을 소개할게요.

네이버 금융

국내주식에 투자한다면 개별종목을 분석할 때 네이버 금융이 특히 좋아요. 스마트폰보다 PC로 보는 게 더 편해요. 공시 정보, 재무상태 등 필요한 데이터가 많으니 한 번 들어가서 종목을 검색하고 쭉 훑어보세요. 물론 ETF 관련 정보도 볼 수 있어요. 다양한 리포트를 볼 수 있는 '리서치' 탭도 좋고, '뉴스' 탭을 통해 시황을 정리한 뉴스도 볼 수 있습니다. 금융 뉴스만 몰려 있어서 해당 내용을 빠르게 확인하고, 최근의 트렌드를 확인하기가 쉽다는 게 장점이에요.

한경 컨센서스

증권사 리포트를 모아 놓은 곳입니다. 애널리스트들이 기업의 정보를 분석하여 작성한 보고서로, 더 자세한 내용을 확인할 수 있는데요. 주관적일 수 있는 내용이니까 모든 내용을 맹신하면서 읽기보다는 어떤 논리로 작성했는지를 중심으로 파악하는 게 좋아요.

신문

어제의 소식을 바로 들을 수 있는 건 역시 신문이죠. 신문을 정기 구독하면 매일 아침 신문이 오니까 볼 수밖에 없어요. '그것도 너무 많다!' 싶으면 네이버에 당일 날짜와 함께 경제신문 요약을 검색한 후 최신순으로 확인해 보세요 (예. 10월 10일 경제신문 요약). 그러면 많은 블로그 글이 나타날 거예요. 경제신문을 요약해 주는 블로거가 많아요. 주요 헤드라인을 쭉 읽고, 더 자세한 내용이 궁금한 건 클릭해서 살피면 되겠죠? 몇 번 보다 보면 내게 맞는 블로그를 찾을 수 있을 테니 신문 보는 게 너무 귀찮다면 이렇게라도 꼭 챙겨보세요!

뽕글UP 주식 투자의 각 과정에서 추천하는 책

주식에 대해 명확한 이해를 도와준 책을 가져왔어요. 앞에서 소개한 책들보다 난도가 있으니까 천천히 긴 호흡으로 읽어가는 걸 권할게요. 가장 잘 정리되어 있다고 느낀 책들이었으니 여러분도 도움을 받을 수 있을 거예요.

뉴욕주민의 진짜 미국식 주식 투자(뉴욕주민 지음, 비즈니스북스)
실제 월스트리트 트레이더로 근무한 저자가 해당 사이트에서 확인해야 하는 포인트를 정말 쉽고 자세하게 설명해 줍니다. 미국주식에 투자하고 싶은 사람들이라면 알고 있어야 하는 정보들이 많아요. 대신 정말 두꺼우니 긴 호흡으로 읽어야 합니다.

미국주식 처음공부(수미숨·애나정 지음, 이레미디어)
미국주식에 대해 보다 구체적으로 쉽게 설명한 책입니다. 다 읽고 나면 미국 경제 전반이 확실하게 정리될 거예요. ETF, 배당, 개별 기업 공부법도 나와 있어서 미국주식 개념이 제대로 잡히지 않을 때 읽어보면 도움이 됩니다.

월가의 영웅(피터 린치·존 로스차일드 지음, 국일증권경제연구소)
월가의 전설적인 인물 중 한 명인 피터 린치가 개인투자자들에게 바치는 책이에요. 개인이 월스트리트에 있는 전문투자자보다 어떻게 좋은 성과를 얻을 수 있는지 가치투자에 초점을 맞춰 이야기합니다.

시기를 놓쳤다고 해서
부동산 공부를 아예 놓을 게 아니라
다음 기회를 생각하며
준비하는 자세가 필요해요.

부동산과 ——— 친해지기

PART
6

부동산 공부는 왜 해야 할까?

주식 공부를 시작할 때 부동산 공부를 함께하면 좋아요. 뭔가 엄청나게 느껴질 수 있는데 충분히 이해해요. 고백하자면 저 역시 가장 막막했던 게 부동산 공부였어요. 관련 지식이라고 해봤자 친구가 사는 회사 근처 오피스텔이 보증금 얼마에 월세 얼마고, 회사 동료의 빌라 전셋집은 보증금 얼마라는 정도만 아는 수준이었죠.

그래도 부동산 공부를 하긴 해야 할 것 같아서 '책으로 공부하면 안 하는 것보다는 낫지 않을까?'라는 생각에 내리 3년을 책만 읽었던 것 같아요. 그 결과 갭, 경매, 피, 초품아 같은 부동산 전문 용어에는 어느 정도 익숙해졌는데, 부동산 기사를 보면 여전히 이해하지 못하는 말이 많았어요.

그러던 어느 날! '정부가 다주택자 양도세 중과 한시적 완화를 시행하고 일부 지역을 규제 지역에서 풀어줬지만, 이것만으론 다주택자가 물량을 뱉지 않을 것이란 시선이 지배적이다'라는 글을 읽게 되었어요. 혹시 무슨 말인지 바로 이해되는 사람 있나요? 다주택자까지는 이해했는데, '양도세 중과 한시적 완화'라는 말에서 턱 막히더라고요.

이렇게 부동산 정책이나 최근 흐름에 대해서는 아예 모르던 시절이 있었어요. 그때의 저는 책에서 이론적인 개념만 보고 '아, 오늘 공부 잘했다'라고 생각했었죠. 어느 정도 공부한 것 같은데도 막히는 부분이 개선되지 않으니까 이걸로는 안 되겠다 싶더라고요. 그래서 조금 더 가깝게 다가서자고 결심했어요. 책에서도 현장에 가라는 말이 많았지만 '그건 곧 집 살 사람에게나 해당하는 이야기 아닌가?' 싶어서 무시하고 책만 계속 읽었었거든요. 더 솔직해지면 현장에 가라고 하면서 함께 설명하는 내용들이 너무 어렵게만 느껴졌던 것 같아요. 설치하라는 부동산 앱이 한두 개가 아닌데, 참고하라는 사이트도 다수. 큰맘 먹고 설치는 했지만 사용법까지는 아찔해서 그대로 방치했거든요.

일단 매달 한 번씩 임장하러 간다는 목표를 세웠어요. '임장'이란 현장에 직접 가서 해당 부동산을 조사하는 것을 말해요. 예를 들어 아파트를 매수하려고 할 때 원하는 지역에 실제로 가서 아파트 가격, 아파트 내부 시설, 주변 환경 등을 조사하는 거죠. 부동산 격언 중에 "현장에 답이 있다"라는 말이 있어요. 당장 집을 살 건 아니지만 안목을 넓힌다는 관점에서 도전해 보기로 했습니다. 무턱대고 실행에 옮긴 후 불과 한두 달 만에 제 부동산 공부는 큰 변화를 맞게 되었어요.

실제로 해보니까 이론을 백날 붙잡고 있다고 될 게 아니더라고요. 무턱대고 현장에 나가서 될 것도 아니었고요. '잘 살펴보고 나서' 현장에 나가야 한다는 게 중요했어요. 제가 부동산 공부의 벽 앞에서 헤매보니 이 내용을 쉽게 풀어줄 사람이 필요하다는 걸 알게 되었어요. 그래서 이번에는 시행착오를 겪으며 생긴 저만의 임장 툴과 함께, 여러분에게 필요한 부동산 내용을 공유해 볼 거예요.

'꼭 집을 사야 할까? 외국처럼 그냥 전세나 월세로 살아도 괜찮지 않을까?' 이런 생각이 드는 사람도 있을 거예요. 그런 생각에서 부동산 공부를 시작하지 않는 사람들 역시 많겠죠. 그런데 뭔가를 안 해도 괜찮은 이유만큼, 그걸 해야 하는 이유에 대해서도 진지하게 고민해 보는 태도도 필요하다고 생각해요. 이 질문에 답하기 위해 주변에서 흔하게 볼 수 있는 상황을 박 대리 이야기로 풀어볼게요.

대기업 2년 차 박 대리 이야기

'지금 집값은 다 거품이야. 내 집 마련은 합당한 가격대가 됐을 때나 생각하는 거지.'

결혼을 앞둔 대기업 직장인 박 대리. 월 소득도 나쁘지 않고, 그동안 모아둔 돈에 부모님 찬스를 더해 2억을 마련했습니다. 신혼집을 구한다고 하니까 회사에서 친하게 지내는 한 과장님이 그 돈에 대출을 좀 더 받아 아예 매입하라는 조언을 해줬습니다. 신경 써줘서 고맙긴 하지만 부동산 거품이 꺼질 게 뻔한 요즘 시세에 집을 사는 건 조심스러웠죠. 알아보니 은행 전세 대출도 잘 나와서 회사와 가깝고 살기 좋은 지역에 전세를 구하기로 결심했습니다.

대출까지 포함해 예산을 최대한 크게 잡고 보니까 전세로 나온 아파트들이 다 쾌적했습니다. '그래, 앞으로도 이렇게 조금씩 대출받아서 괜찮은 아파트에서 살면 되지.' 여기저기 보다가 아내 직장과도 가까운 공덕동에 24평 브랜드 아파트로 결정했습니다. 아파트 전세가는 5억인데, 그중 3억이 전세자금 대출이지만 월에 90만 원씩만 내면 되니까 두 사람 월급으로 충분히 감당할 수 있었습니다.

결혼 후 신혼살림을 차린 아파트는 좋았습니다. '지금까지 열심히 돈을 모았던 게 이렇게 보상받는구나'라는 생각에 흐뭇할 정도였죠. 주거가 안정되니까 전세 구할 때 잠깐 관심을 가졌던 부동산 뉴스도 점점 보지 않게 되었습니다. 주말이면 아내와 함께 파인다이닝에서 외식도 하고, 평일 저녁에는 요즘 동기들이 재미를 들이기 시작한 골프도 배우러 다니면서 행복한 신혼생활을 즐겼습니다. 어느 날 출근하려고 아파트 주차장에 들어서는데, 그날따라 신입 때부터 탄 중고차가 다른 차들과 비교돼 신경이 쓰였습니다. '집 문제도 해결했으니 이참에 큰맘 먹고 좋은 차로 바꿀까? 매월 대출이자에 자동차 할부금이 추가되겠지만, 월 소득이 400만 원대니까 크게 무리가 되진 않지.'

그렇게 차도 바꾸고 평온하고 기분 좋은 시간을 1년 반 정도 보냈습니다. 어느 날 집주인한테서 연락이 왔습니다. 전세 보증금을 2,500만 원 정도 올린다고 하네요. 집값이 너무 많이 올라서 보증금도 많이 올려야 하는데, 임대차 3법 때문에 조금만 올린 거라는 생색이 이어졌습니다. 문득 언젠가 회사에서 한 과장님이 임대차 3법 이야기를 했던 게 떠올랐습니다.

당장 검색해 봤더니 계약 갱신 청구권제, 전월세 상한제, 전월세 신고제를 담은 '임대차 3법'이라는 주택임대차보호법 개정안이 나타났습니다. 그중 '전월세 상한제'가 집주인이 말한 내용인 것 같았습니다. '임대인(집주인)이 계약을 연장할 때 전세금이나 월세를 기존 계약 금액 대비 5% 이상 올릴 수 없게 제한을 둔다.' 아무것도 모르고 전세

계약을 한 박 대리는 역시 운이 나를 따라주는 건가 싶어 다행이라고 생각했습니다.

그런데 조금 더 생각해 보니 마냥 다행이 아니었습니다. 당장 5개월 뒤까지 돈을 마련해야 하는데, 갑자기 2,500만 원을 어떻게 구할지 막막했죠. 아예 다른 곳으로 이사 가자니 이미 이 지역에 정착해 생활하고 있고, 갑자기 집을 알아보기도 쉽지 않았습니다. 어찌할지 고민하다가 일단 통장 잔고부터 확인했습니다. 그동안 너무 돈을 생각 없이 써버린 탓일까. 모아 놓은 돈이라고는 나중에 여행 갈 때 쓰려고 한 1,500만 원이 전부였습니다.

'전세 구할 돈만 모으면 적당히 즐기며 살아도 될 줄 알았는데…. 여행 갈 돈을 고스란히 전세금으로 줘야 할 상황이라 좀 그렇긴 하네. 1,000만 원은 남은 5개월 동안 긴축하면 어찌어찌 마련할 수 있을 것 같은데. 하지만 집주인은 2년 뒤에도 전세금을 올리려고 할 거고, 그럼 그때 또 2,500만 원 이상의 돈을 마련해야 하잖아. 어떻게 해야 하나….'

임대차 3법이 다시 개정될지도 모른다는 이야기가 나오는 걸 보니, 다음엔 그 이상의 돈이 필요할 수도 있었죠. 좀 번거롭지만 아무래도 이사 가는 게 낫다 싶어서 오랜만에 네이버 부동산을 켜고 올라온 매물을 훑어보기 시작했습니다. 그런데 뭔가 이상했습니다. 아직 채 2년이 안 됐는데 지금 사는 전세가는 하나도 없고, 훨씬 높은 전세가만 보였거든요. 지금 전세가로 검색해 보니 더 안 좋은 조건의 집들만 수두룩하네요.

신혼 전셋집 마련 후 부동산 소식에 귀를 닫고 있는 사이 아파트 가격이 정말 많이 오른 겁니다. 전에 한 과장님 조언을 들었다면 충분히 살 수 있었던 아파트는 이제 엄두도 낼 수 없는 가격이 되어 있었습니다. 회사 근처에 집을 샀던 한 과장님 표정이 평온하게 보였던 게 떠오르며, 박 대리는 어떻게 해야 할지 막막하기만 합니다.

가상으로 꾸며본 이야기지만, 실제로 적지 않은 사람들이 이런 선택을 하고 있어요. 집을 무조건 사라는 이야기가 아니라, 경제 공부를 놓으면 안 된다는 이야기예요. 경제 공부를 중요하게 생각하지 않은 박 대리는 자금이 있었는데도 기회를 놓친 거죠. 화폐가치와 자산가격의 관계에 대해 알고 있었다면 재테크가 필요하다는 사실 역시 알았을 거예요. 시중에 돈이 풀리면 돈의 가치가 떨어지면서 자산가격이 상승하니까요.

같은 돈을 아파트 사는 데 쓴 사람과, 통장에 그대로 둔 사람의 자산 차이가 바로 이럴 때 급격하게 벌어져요.

실제로 최근 몇 년 동안 부동산 시장이 정말 좋았죠. 자산 가치가 급격하게 오르다 보니 벼락거지라는 신조어가 생길 정도였어요. '벼락거지'란 자신의 소득에는 큰 변화가 없는데 부동산이나 주식 같은 자산가격이 급격히 올라 상대적으로 빈곤해진 사람을 말해요. 실제로 재테크에 신경 쓰지 않았던 사람들 대부분이 이때 나만 뒤처진 것 같다는 느낌을 받았다고 해요.

이런 상황은 PIR(Price To Income Ratio) 지표에서도 확인할 수 있어요. 'PIR'이란 가구 소득 대비 주택가격의 비율이에요. 쉽게 말해 주택가격을 가구당 연 소득으로 나눈 거죠. 가구 소득의 변화와 함께 주택가격의 상승세나 하락세를 가늠하기 위해 만든 지표예요. 전국 가구의 연 소득을 기준으로 1분위부터 5분위까지 나누는데, 만약 중간인 3분위 기준 PIR이 10이면 3분위에 해당하는 사람이 10년 동안 소득을 한 푼도 쓰지 않고 모아야 집 한 채를 살 수 있다는 뜻이에요.

2022년 6월의 PIR 지수는 23.74년인데, 5년 전인 2017년 6월에는 14.13년이었어요. 실제 기간은 5년밖에 안 지났는데, PIR 지수는 10년 가까이 벌어진 거죠. 물론 집을 대출 없이 월급으로만 사는 일은 예전에도 없었고 지금도 없지만, 최근 5년간 소득 증가속도보다 자산의 증가속

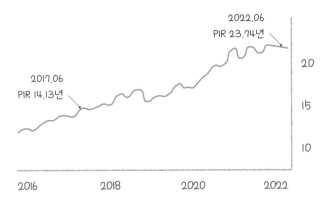

2017년 6월과 2022년 6월 PIR 지표 비교

2022.06
PIR 23.74년

2017.06
PIR 14.13년

20

15

10

2016   2018   2020   2022

출처: 부동산 지인

도가 급격히 빨라졌다는 건 분명히 확인할 수 있어요.

　미래까지 정확히 예측할 수는 없지만, 과거의 데이터를 보며 준비할 수는 있다고 생각해요. 상승만 주야장천 이어지지는 않았지만, 그렇다고 무조건적인 하락만 지속되지도 않았죠. 미세하게 침체기, 회복기, 상승기, 급등기 같은 사이클이 반복됐어요. 그래서 이번 시기를 놓쳤다고 해서 부동산 공부를 아예 놓을 게 아니라 다음 기회를 생각하며 준비하는 자세가 필요한 거예요. 2023년 현재 부동산 시장은 거래가 많지 않고, 큰 상승 역시 없어요. 이럴 때가 오히려 공부를 시작하기에 딱 좋죠. 부동산 사이클은 약 10년을 주기로 반복되기 때문에 지금부터 준비를 잘하면 다음 상승장에서 유의미한 결과를 얻을 수 있을 거예요.

부동산 공부는 어떻게 시작할까?

부동산 공부가 왜 필요한지 충분히 이해했다면, 이제 입문자에게 가장 효과적인 부동산 공부법을 알아볼 차례예요. 뭐든 시작은 어렵고, 평소에 어렵게 생각했던 분야에 발을 들이기란 더 쉽지 않죠. 저도 그랬어요.

처음엔 강의를 들어야 할까 싶어서 찾아봤는데 제 눈높이에 맞는 강의가 별로 없었어요. 기초부터 시작하는 정규강의 가격은 기본이 30~40만 원이었어요. 성장을 위한 돈은 아낌없이 쓰라는 말을 수없이 들었지만, 부동산 공부를 시작하던 그 당시는 집중해서 시드머니를 모으던 때라 몇십만 원에 달하는 강의료가 부담스러웠죠. 그래서 상대적으로 저렴한 책에 먼저 집중한 거예요.

그렇다고 강의를 전혀 듣지 않은 건 아니었어요. 무료이거나 1만 원대의 일회성 오프라인 강의가 열리면 종종 들으러 갔어요. 들을 땐 도움이 됐지만, 아무래도 제 실력에 딱 맞는 강의는 아니라서 오래 남는 건 없더라고요. 그래도 3년간 책은 참 열심히 봤어요. 노도강(노원구, 도봉구, 강북구), 강남3구(강남구, 서초구, 송파구) 등의 용어에도 익숙해졌죠. 지도와 빼곡한 글자들을 보며 이해하기 위해 노력했고, 빽빽하게 채워진 노트를 볼 때마다 뿌듯했어요.

그러던 어느 날 크게 '현타'가 오는 일이 생겼어요. 부동산 커뮤니티를 보는데 본문과 댓글 내용이 하나도 이해되지 않는 거예요. 다들 거침없이 얘기하는데 저는 도통 못 알아들었어요. 왜 이런 일이 생겼는지 고민이 됐죠. 그동안 부동산 기사 등을 보면서 이해하지 못하는 내용이 많았는데, '나중에는 잘하겠지' 하며 미룬 게 원인이었던 것 같아요.

그때 불현듯 '임장'이라는 단어가 떠올랐고 '내가 너무 책으로만 봐서 그런 게 아닐까? 뭘 잘 모르긴 하지만 직접 가보면 다른 깨달음을 얻을 수 있지 않을까?' 싶었죠. 부동산은 실물자산이니까요. 나름 공부한 시간만 3년인데 이건 아닌 것 같아서 고민 끝에 결단을 내렸어요. '현장에 가서 부딪쳐 보자'라고요.

한 달에 한 번씩은 꼭 임장을 가기로 스스로와 약속했어요. 얼마 뒤 부동산 공부 인생에 놀라운 변화를 맞게 됐죠. 불과 3개월 만에, 지난 3년 동안 책으로 보던 것보다 부동산에 대한 이해도가 깊어진 거예요. 암기가 아니라 이해하고 있다는 걸 그때 처음 느꼈어요. 현장에 가볼수록 '아, 집을 살 때는 이렇게 임장해야겠다. 부동산 공부할 때는 이렇게 임장하는 거구나' 하는 나만의 기준이 명확해지더라고요. 그렇게 이해하기 어렵던 부동산 커뮤니티의 글들 역시 고개를 끄덕일 수 있게 됐고요.

부동산 공부를 하던 초반 3년의 기간을 한 문장으로 정리하면 '수학책만 계속 쳐다보고, 수학 익힘책은 거들떠보지도 않았다'는 표현이 정확할 것 같아요. 이론은 열심히 공부했는데, 그 이론을 활용해서 문제 푸는 연습은 전혀 하지 않았던 거죠. 문제를 풀다 보면 이론이 더 명확하게 외워지잖아요? 부동산 공부 역시 마찬가지였어요. 2개를 병행해야 했던 거죠. 이걸 이렇게나 늦게 깨달았습니다.

또 다른 실수도 있었어요. 부동산 안에는 재건축 재개발, 소액투자, 일반 매매, 갭투자, 경매, 청약 등 다양한 방법이 있어요. 처음 시작할 때는 이 다양한 방법들 자체가 진입장벽이 되는데, 욕심만 커서 그 모든 걸 몽땅 다 한 번에 소화하려고 한 거죠.

방황 끝에 얻은 결론은 2가지입니다. 첫째는 한 번에 모든 걸 다 삼키려고 하지 않아도 된다는 것, 둘째는 처음 공부하는 사람이 이해하기 좋은 순서가 따로 있다는 것이에요. 저 같은 실수를 하지 않도록 여러분은 입문할 때 꼭 알아둬야 하는 것에서 시작해 보세요.

좋은 지역을 알아보는 안목 기르기

생활의 3대 기본요소인 의·식·주 중 하나가 주, 즉 집이잖아요. 거주가 주목적인 건 맞는데, 현실적으로는 어떤 곳에 거주하는지에 따라 자산 증식 속도가 달라져요. 이왕 돈 쓰는 거, 가장 좋은 선택을 하는 게 좋죠. 아파트라고 다 똑같이 오르는 게 아니니 투자 면에서 좋은 곳을 선택할 수 있는 안목도 필요하고요. 예전에는 넓고 쾌적한 집이 좋은 건 줄 알았는데 그게 전부가 아니었어요.

저는 안목을 기르기 위해 현장에 직접 가보는 '임장'을 적극적으로 권해요. 일반적으로 임장은 1년 이내에 집을 살 사람들에게 권하는 방법이더라고요. 그렇다고 완벽하게 정해진 '임장 방법'이 따로 정해진 것도 아니라서 그냥 가서 주변을 한 번 걸어보고 임장 다녀왔다고 말하기도 하고, 부동산에 들어가 이야기 좀 나누고 임장 다녀왔다고 하기도 하는 등 천차만별이었어요. 그런데 제가 직접 해보니까 꼭 당장 집을 살 계획이 없더라도 임장을 가는 게 좋다는 결론이 나더군요. 임장을 취미로 만드는 거죠. 취미 임장을 추천하는 데는 3가지 이유가 있어요.

첫째, 글은 한계가 있다

글보다 사진이 더 기억에 오래 남죠? 사진보다는 영상이, 영상보다는 실제 현장이 더 기억에 남는다는 게 첫 번째 이유예요. 책이나 커뮤니티를 통해 노도강이 어떻고, 대구가 어떻고 하는 말을 듣는 것보다 실제로 가서 한 번 보는 게 훨씬 낫기도 하고요.

현장에 가면 거리를 지나다니는 사람들의 연령, 표정, 도로 상태, 주변 상권, 공실, 도로의 정체 상태 등 한눈에도 많은 것이 들어와요. 글로 그 모든 걸 전하기란 어려울 수밖에 없어요. 아파트 가격에는 이 모든 것이 복합적으로 반영되어 있지만, 책이나 화면으로 보는 그 숫자들의 이유가 완벽하게 와 닿지는 않거든요. 실제로 봤을 때 느끼는 바가 훨씬 컸어요. A 지역과 B 지역의 가격 차이가 확 이해된다고나 할까요.

거리뷰도 마찬가지였어요. 특히 신도시는 하루가 다르게 바뀌기 때문에 거리뷰를 확인하는 '손품'만으로는 놓치는 게 많아요. 실제로 가보면 '이런 거 때문에 가격이 높구나' 하며 수긍하게 되기도 하고, 반대로 손품 때 너무 괜찮았던 곳이 실제로는 아쉽게 느껴지는 곳도 있었어요. 확실히 많은 사람이 '살고 싶어 하는 곳'은 당연히 비싸고, 나름의 공통점이 있어요. 직장 가깝고, 교통 편하고, 편의시설이 잘 갖춰져 있고, 치안이나 학군이 좋아서 아이 키우기에도 좋죠.

그 지역에 가서 실제로 걸으며 살펴보면 그런 느낌을 확 받을 수 있어요. 결혼 전이라 그런지 초품아(초등학교를 품은 아파트)라는 용어를 들을 때 별 느낌이 없었는데, 실제로 가보니 '와, 정말 이렇게 가깝구나. 횡단보도도 안 건너고 학교에 갈 수 있네. 부모님들이 정말 안심하고 보낼 수 있겠다'라는 느낌이 오더라고요. 이론이 중요하지 않다는 게 아니라 '이론만' 보고 있으면 안 된다고 말하고 싶어요.

둘째, 비교할 수 있는 지역이 많아진다

첫 집부터 모두가 선망하는 곳에 장만하기란 부모님의 엄청난 도움 없이는 거의 불가능해요. 그래서 내가 가진 예산에서 최고의 선택을 하는 게 중요하고, 그러려면 가능한 한 여러 지역을 알고 있는 게 유리한 거죠. 지역마다 다양한 환경이 있고 장단점 역시 달라요. 임장을 다녀오면 그곳이 어떤 상황인지 명확하게 정리되는데, 이런 식으로 다양한 정보가 쌓이면 처음 보는 새로운 지역에 가도 예전에 갔던 임장 지역을 바탕으로 한 비교가 수월해지는 거예요. 그런 과정이 결국 비교할 수 있는 탄탄한 안목을 만드는 데 도움이 된다고 생각해요. 예를 들면 이런 식으로요.

신도시에 있는 A 아파트. 임장하러 가보니 최근에 지어져서 도로나 아파트가 깔끔해요. 그런데 신도시라 그런지 공실이 많고, 사람도 많지 않아 길이 썰렁해요. 대중교통 노선이 아직 제대로 갖춰지지 않아서 직장이 많은 주요 지역까지 가기가 쉽지 않을 것 같아요.

이번엔 서울에 있는 20년 차 B 아파트. 신도시에 있는 A 아파트보다 1.5억이 더 비싸요. 평수도 더 좁은 평형이죠. 사람들이 생활한 지 오래되어 편의시설이 충분하고, 무엇보다 교통이 아주 좋아요. 한마디로 직주근접(직장과 주거지가 가까이에 있는 것)인 거죠.

경기도에 있는 C 아파트. B 아파트보다 5,000만 원이나 저렴하지만 평수는 더 넓어요. 대신 30년 차로 더 노후화됐죠. 그런데 뉴스를 보니 재건축 유망 단지라는 이야기가 나오고 있어요. 집은 낡았지만 주변 환경이나 교통이 나쁘지 않고, 1년 뒤에는 C 아파트와 가까운 곳에 일자리가 대거 조성될 거라는 뉴스도 있어요.

셋째, 기사를 볼 때 생각하는 깊이가 달라진다

취미 임장을 시작한 이후에 명확하게 달라진 점을 꼽으라면 임장을 다녀온 지역과 관련된 기사가 나왔을 때 더 깊이 생각하게 된다는 거예요. 한 번 그 지역에 대해 알게 되니 계속 이후의 상황이 궁금해지더라고요. 당시에 알게 된 그 지역 호재의 진척 상황을 확인해 보기도 하고, 이후에 가격 변동을 보며 '이렇게 됐구나' 생각하기도 했어요.

이전에는 부동산 정책 기사는 과제처럼 꾸역꾸역 찾아보면서도, 특정 지역에 관한 기사는 그냥 넘기곤 했거든요. 사람도 한 번 보면 더 정이 가고 관심이 생기는 것처럼 한 번 본 지역도 그렇더라고요. 이렇게 인연이 생긴 지역이 몇십 군데 넘게 쌓이면 어떻게 될까요? 집을 한 번도 안 산 사람은 있지만, 한 번만 사는 사람은 거의 없다는 말을 들었어요. 대부분은 계속해서 더 좋은 입지를 가진 상급지로 이동하고 싶어 하죠. 일찍부터 내공을 쌓은 사람들은 그만큼 많은 데이터를 흡수하고 있으니 선택해야 할 상황이 되었을 때 더 현명한 판단을 할 수 있을 거예요.

임장을 취미로 만드는 방법

부동산 투자를 하려면 그 지역을 제대로 이해하는 게 중요
해요. 투자금액은 정해져 있으니 최선을 선택할 수 있는 안
목이 필요한 거죠. 문제는 그런 안목을 한순간에 얻을 순
없다는 거예요. 그래서 저는 '취미 임장'을 선택했어요. '꼭
돈이 다 생긴 다음에 알아봐야 하나? 미리 알아보면 몇 년
뒤에는 시야가 확 넓어질 것 같은데?' 이런 생각에서 말이
죠. 대신 남들보다 조금 일찍 시작하니까 몇 날 며칠 밤새
는 건 하지 않기로 했어요. 그저 임장을 하나의 취미로 만
들어서 즐겁게 하자고 마음먹었죠.

그러다 보니 임장도 취미가 되더라고요. 어떤 일을 할
때 마음을 어떻게 갖는지에 따라 다르고, 어떤 재미있는 요

소를 추가하는지에 따라 느낄 수 있는 것도 다르잖아요. 저는 정말 즐겁게 임장하고 있습니다. 재미있어서 더 많은 사람에게 알려주고 싶은 마음이 클 정도예요.

임장 준비는 1주일에 4시간만, 임장은 1달에 1번만!

임장하기로 결심했을 때 아는 지역을 빨리 많이 만들고 싶다는 조급한 생각이 들 수 있어요. 하지만 처음엔 여러 지역을 많이 가는 게 아니라, 하나의 임장 지역을 제대로 가는 게 더 중요해요. 그러기 위해선 임장 전에 손으로 알아볼 수 있는 내용은 최대한 알아보고 가야 해요. 실제 임장 시간 이상으로 손품 시간이 들어가야 하는 거죠. 단, 너무 많은 시간을 들이면 금방 지쳐서 숙제로 느끼게 될 수 있으니 적당한 선이 필요했어요.

오래 할 수 있는 취미로 만들기 위해 제가 선택한 방법은 한 달 중 3주는 1주일에 딱 4시간씩만 손품을 팔고, 마지막 1주 중 하루는 임장을 가는 날로 정하는 것이었어요. 당장 내 집 마련할 것도 아닌데, 일주일 168시간 중 4시간 정도는 부담스럽지 않더라고요.

임장 D-DAY는 맛있는 거 먹는 날!

임장 가는 날은 새로운 지역을 여행한다는 느낌으로 즐겁게 출발했어요. 무슨 일이든 즐거워야 오래 유지할 수 있으니까요. 임장 당일에는 아무래도 야외에서 많이 걸어야 해서 체력 소모도 그만큼 커요. 기본 1만 보씩은 걷게 되더라고요. 특히 추운 날이면 밖에서 30분만 걸어도 손이 빨갛게 부르틀 만큼 힘들죠. 그래서 중간중간 양질의 식사로 영양 보충을 잘 해줘야 해요. 그 지역에서 유명한 식당을 찾아서 그날만큼은 고생한 자신을 위해 맛있는 걸 먹으며, 즐겁게 임장하는 게 정말 중요한 포인트랍니다.

마음 맞는 임장 메이트 찾기

혼자 가는 것보다는 임장 메이트를 구해 둘이 가는 게 더 좋아요. 함께 건강한 취미를 공유할 수 있는 임장 메이트가 있으면 정말 도움이 됩니다. 혼자 갈 때는 미처 못 보고 놓칠 수 있는 걸 임장 메이트가 발견하고 볼 수 있게 해주기도 하고, 임장 가는 길에 서로 조사한 내용을 이야기하며 몰랐던 부분을 알게 되기도 하지요. 혼자 다니면 금방 그만두게 될 수 있는데, 함께하는 사람이 있으면 상대방이 열심히 하는 모습이 동기부여가 되기도 해요.

　　임장 메이트를 구할 때도 요령이 있어요. 대뜸 "우리 같이 임장하자!"라고 들이대지 말고 임장이 필요한 이유를 얘기하며 공감하는 것에서 시작해 보세요. 상대방은 임장이라는 행위가 낯설 수 있고, 낯설면 쉽게 경계할 수 있는 게 사람이니까요. 함께하는 임장 메이트도 나와 비슷하게 적극적이어야 다닐 때 잡음 없이 임장에만 집중할 수 있어요. 만약, 주변에서 찾는 게 어렵다면 재테크 카페를 활용하는 것도 괜찮아요. 실력 차이가 너무 큰 메이트보다는, 같이 성장할 수 있는 메이트를 꼭 찾길 바랄게요.

따라하기 쉬운 임장 사전조사 7단계

이제 임장에 나서봅시다. 뭐부터 해야 할까요? 가기 전에 뭐부터 하라고 했었죠? 맞아요! 손품 팔기. 우선 사전조사를 하는 거죠. 손으로 알아볼 수 있는 모든 걸 알아보는 단계로, 손품 과정을 얼마나 잘했느냐에 따라 현장에서 느낄 수 있는 게 많이 달라져요.

　한 가지 미리 알아둘 것이 있어요. 부동산 공부를 위한 취미 임장 방법과 1년 이내에 집을 살 사람이 해야 하는 임장 방법은 다르다는 것이에요. 여기서는 효율적인 취미 임장 방법을 소개할 거예요. '한 장짜리 임장지도'를 만드는 과정이기도 하지요. 임장할 때는 짐이 적을수록 좋으니까 우리는 직접 그린 지도 하나만 딱 들고 다닐 거예요.

한 장짜리 임장지도

이 지도 한 장만 있으면 해결되는
나만의 지도를 그려봅시다.

일정 분배는 이렇게 해보세요

S	M	T	W	T	F	S
	1주차 - 1~4단계, 4시간					
	2주차 - 5단계 2/3, 4시간					
3주차 - 5단계 1/3+임장지도 작성, 4시간						
	4주차 - 임장 가기					

1단계: 지역 선택

임장이 처음이라면 평소에 잘 다녔던 지역을 선정하는 게 좋고, 좀 익숙해지면 나중에는 '어, 여기 뉴스에 좀 많이 나오던데 궁금하네?' 하는 지역 위주로 보는 게 좋아요. 내가 궁금한 곳을 봐야 재밌거든요. 적응될 때까지는 하루에 한 지역 정도만 보세요. 지역의 크기에 따라 다른데, 예를 들어 서울처럼 넓은 곳이면 ○○동 하나를 선택해도 좋고, 하루에 자차로 쭉 돌아볼 수 있는 곳이면 ○○시 전체를 봐도 됩니다.

저는 일산에 간 적이 있는데, 당시 재건축 기대감이 커져서 1기 신도시에 대한 말이 많이 나돌던 시기라서 선택했었어요. 요즘 분위기는 어떤지, 재건축 이야기가 나오는 곳은 주거 환경이 어떤지 알고 싶었거든요. 일산의 대장 아파트는 어떤 곳인지도 궁금했고요. 취미 임장은 특정 아파트 몇 개를 보는 게 아니라, 전체 지역을 조망하고 이해하는 게 더 중요해요.

"제가 가진 투자금으로 가능한 지역만 보는 게 좋을까요?" 이런 질문을 하는 사람들이 있는데, 아닙니다! 비싼 곳도 보는 게 좋아요. 부동산 투자에 처음 나설 때는 투자금이 적은 경우가 대부분이라 그 가격에 맞추면 정말 좋은 입지를 가진 지역은 거를 수밖에 없어요. 더 좋은 지역에 대한 이해가 없는 상태에서 투자금에 맞는 지역만 보면, 이 정도는 괜찮다고 생각하게 될 수 있어요. 집값이 비싼 지역에도 가봐야 어떤 점이 현재의 시세를 만들었는지도 생각해 볼 수 있잖아요. 나중에 다른 지역을 볼 때도 꽤 괜찮은 판단 기준이 되어줄 거예요. 무엇보다 우리는 지금 집을 매수하려는 게 아니라 지역을 보는 안목을 넓히는 것이 목적이니까 다양한 곳에 골고루 가보는 게 가장 좋아요. 상급지는 볼 게 많아서 손품을 팔 때도 더 재미있을 거예요.

2단계: 크게 보기

네이버 지도에 들어가서 내가 보고 싶은 지역을 크게 훑어보는 게 가장 먼저 할 일이에요. 동 단위도 좋고, 구 단위도 좋고요. 검색한 후 대략적인 위치를 봐두세요. 눈으로 역이나 공원, 백화점 등 굵직굵직한 것들이 주변 어디에 있는지를 확인합니다.

그다음에는 화면 오른쪽 위에 있는 '지적편집도'를 클릭합니다. 평소에 보던 지도가 아니라서 낯설게 느껴질 거예요. 여기에서는 신도시 등 근처에 있는 지역을 파악해요. 일산동구의 경우 위로는 운정신도시가, 한강 건너편에는 김포신도시가 있어요. 근처에 신도시가 생기면 그만큼 아파트 공급이 많아질 테고, 일산에 있는 수요가 그 근처 신도시로 가게 될 확률도 높아요. 이런 건 지금은 따로 필기하지 않아도 괜찮고, 지도를 이리저리 클릭해서 옮겨보며

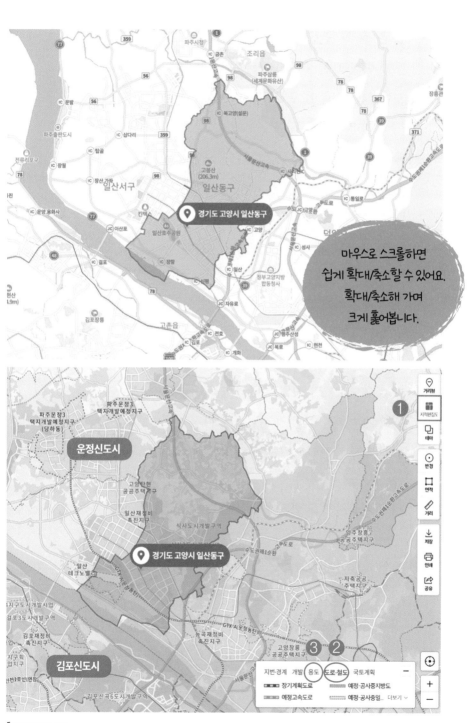

출처: 네이버 지도

눈에 담는 정도로만 진행하면 돼요.

이제 화면 아래에 있는 '도로·철도'를 클릭합니다. 지도에 있는 선들이 무엇인지가 나타나는데, 앞으로 예정되어 있거나 지금 공사 중인 도로와 철도를 확인할 수 있어요. 아까 지적편집도로 볼 때는 안 보이던 GTX-A 노선이 지나갈 예정이라는 게 드러났죠? 이게 뭔지 모르겠으면 검색해 보는 거예요. 이렇게 모르는 게 나올 때면 그냥 지나가지 말고 검색을 통해 하나하나 정보를 얻는 게 좋아요.

GTX-A 개통 시기, 노선도 구간, 일산 내 정차역 위치 등을 찾아보세요. 실제로 현재 공사 중인 GTX-A 노선은 2023년 12월에 개통 예정이에요. 일산에서는 킨텍스 근처에 '킨텍스역'이 생기고, GTX-A를 이용하면 킨텍스역에서 강남 삼성역까지 20분 내로 갈 수 있다는 엄청난 장점이 생기는 거죠. 경기도에서 서울 강남까지 20분 내로 갈 수 있다면 정말 편해질 거예요.

부동산 투자에서 교통은 정말 중요한 요소더라고요. 타고난 길치에 교통 자체에 아예 관심이 없던 저는 이 부분이 참 어려웠어요. 그래도 자꾸 보니까 자연스럽게 머리에 들어오는 순간이 오더군요. 처음부터 모든 노선과 주요 노선을 다 알려고 하지 않아도 괜찮아요. 이렇게 내가 보는 임장 지역에 있는 노선부터 차분히 알아봐도 늦지 않습니다.

그다음에는 '용도'를 클릭하세요. 용도를 클릭하면 현

재 지역을 용도별로 나눠서 볼 수 있어요. 주거지역은 어디고, 상업지역은 어디인지 정도를 눈으로 확인하면 돼요. 여기까지 딱히 어려운 것 없었죠?

3단계: 집값 분포 보기

이번에는 관심 있는 지역에 아파트 가격이 어떻게 분포되어 있는지를 확인할 거예요. '호갱노노'라는 사이트를 이용하는데, 앱도 있고 사이트도 있습니다. 부동산 관련된 데이터를 쉽게 볼 수 있는 곳이라 앞으로 자주 들여다보게 되니 스마트폰 앱도 설치하는 게 좋아요.

　　호갱노노 사이트에 들어가서 내가 보고 싶은 지역을 검색한 후 화면 왼쪽 아래에 있는 '분위지도 보기'를 클릭해요. 분위지도란 '평당 가격' 등 선택한 기준에 따라 해당 지역의 아파트를 4개로 그룹화해 색상으로 구별해 주는 기능이에요. 숫자가 아니라 색상으로 보여주니까 그 지역의 가격 분포를 한눈에 파악할 수 있어서 편해요. 회색 < 노랑 < 빨강 < 파랑 순인데, 파랑이 가장 비싼 곳이에요. 이 지역에 어디가 가장 비싼 아파트인지 금방 알겠죠?

　　동그라미 하나가 아파트예요. 각 동그라미를 클릭하면 아파트에 대한 상세정보를 확인할 수 있어요. 어떤 브랜드 아파트들이 있는지, 각 아파트의 세대수는 얼마나 되는지 등 자세히 알고 싶을 때 여기저기 클릭하며 확인해 보세요. 이 단계에서도 필기할 필요 없이 눈으로 확인하면 됩니다. 머리로 이해한다는 생각으로 보는 거죠. '경의중앙선을 기준으로 왼쪽에 있는 집들이 상대적으로 비싸구나' 하는 것도 여기에서 다 파악할 수 있어요. '분위지도 보기'를 닫은 후 '상권, 학원가'도 클릭해 보면서 해당 가격에 대한 이유를 대충 짐작해 보세요. 따로 필기는 하지 않지만 클릭과 드래그로 할 수 있는 건 다 해보는 게 좋아요.

저는 평당가격을 기준으로 하위에서 상위 순으로 보고 있어요. 하위 지역을 보다가 상위 지역으로 올라갈수록 입지적인 차이가 크거든요. 이걸 온전히 느끼려면 하위에서 상위로 보는 게 도움이 됐어요.

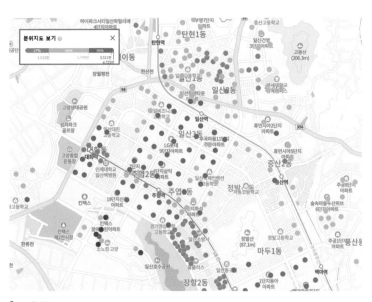

출처: 호갱노노

4단계: 아파트 보기

3단계에서 봤던 동그라미가 다 아파트인데, 또 '아파트 보기'라니 아찔한가요? 저도 처음에 임장할 때는 이 많은 아파트를 다 봐야 할 것 같아서 겁부터 났었어요. 그런데 모든 아파트를 다 볼 필요까지는 없더라고요. 우선 중요한 아파트를 먼저 보고, 나중에 그 지역을 찾아가서 알고 있는 범위를 더 넓혀도 늦지 않아요. 방문 한 번으로 끝내고 다시 안 볼 것도 아니잖아요. 지금은 지역 이해 차원의 임장이니까 투자나 거주 측면에서 좋은 아파트 위주로 찾아볼 거예요.

보통 500세대 이상이 살기 좋으니 옵션을 설정해 500세대 이상 되는 아파트만 봅시다. 지역의 규모에 따라 다르지만 보통 500~1,000세대 이상으로 설정하면 됩니다. 호갱노노 화면 오른쪽에 있는 필터 중 '세대수'를 '500세대 이상'으로 조정하세요. 그러면 내가 선택한 세대수 이상인 아파트만 화면에 나타나요.

동그라미가 확실히 적어진 게 보이죠? 이제는 유의미하게 볼 아파트를 리스트업할 수 있어요. 처음엔 5~10곳 정도만 본다는 생각으로 걸러보세요. 5단계에서 최종적으로 볼 아파트를 정할 거라서, 이번 4단계에서는 간단하게 범위만 정하면 됩니다. 보고 싶은 아파트를 정했으면 아파트 이름과 간단한 특징을 적어요.

예) 킨텍스 원시티: 제일 비쌈
문촌마을 16단지 뉴삼익: 주엽역 코앞!

여기서부터는 파워포인트 이용을 권할게요. 다음 단계인 5단계부터는 스크랩할 게 많은데, 파워포인트가 스크랩한 걸 모아두기에 적합하거든요. 대충 구경만 하다가 갑자기 아파트를 정하라니 막막한 사람을 위해 구체적인 예를 들어볼게요. 예를 들어, 한강 바로 앞에 있는 아파트가 있다면 한강뷰가 좋을 것 같으니까 적어보는 거죠. 역 코앞에 있는 아파트가 있다면 역세권이니까 한 번 적어보고, 입지는 그렇게 좋아 보이지 않지만 세대수가 압도적인 아파트가 있다면 궁금하니까 한 번 적어보고, 가장 비싼 아파트를 뜻하는 파란색 동그라미가 있는 아파트도 적어보는 거예요. 지도를 보며 입지, 가격, 세대수 등에 특징이 있는 아파트를 적으면 됩니다.

그래도 정하기 힘들면 '분위지도'에서 클릭한 걸 해제한 후 마우스 스크롤로 확대해 보세요. 그럼 왕관이 그려진 곳이 있을 거예요. 그런 아파트를 추가해도 됩니다. 왕관 표시가 있다는 건 그 지역에서 사람들의 관심도가 높은 아파트라는 뜻이거든요.

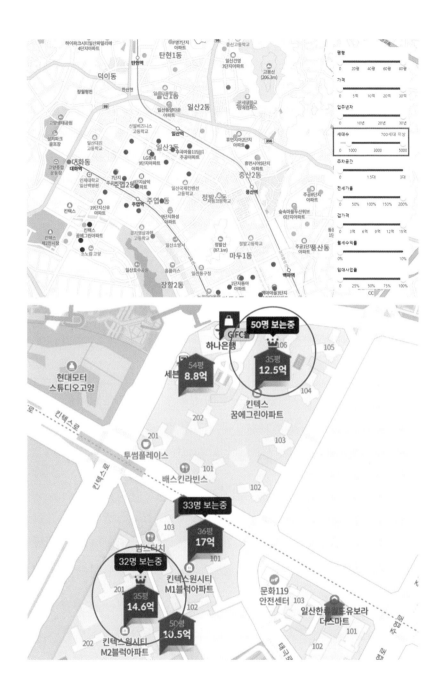

5단계: 모든 임장후기 파악하기

저는 임장 전에 인터넷에 있는 대부분의 임장후기를 다 보려고 했던 것 같아요. 일산이면 네이버에 '일산 임장기, 일산동구 임장, 일산 킨지구 임장' 등 다양한 키워드로 검색한 후 나오는 블로그와 카페 글들을 읽었죠.

다른 사람이 공들여 정리해 놓은 것이라 시간도 단축되고, 최대한 많은 정보를 얻을 수 있어서 정말 도움이 많이 됐어요. 이렇게 정리된 정보를 이용해도 5단계는 많은 시간이 필요해요. 일주일에 4시간만 쓰기로 계획했지만, 시간을 칼 같이 지키는 것보다 출퇴근 시에 스마트폰으로 검색하는 등 시간 날 때마다 머릿속에 넣어두는 게 더 효과적이었어요.

다른 임장후기를 보면 좋은 점은 여러 가지가 있어요. 일단, 그들이 사전조사한 내용을 확인할 수 있죠. 내가 놓친 부분이나 더 알아야 하는 부분까지 파악할 수 있어요. 이런 후기를 많이 보다 보면 공통적인 내용이 있는데, 같은 내용이라 지루한 게 아니라 오히려 더 좋아요. 그만큼 여러 사람이 중요한 부분이라고 생각한다는 거고, 여러 번 보니 머릿속에 더 깊이 남거든요.

또 '내가 임장 가서 봐야 할 것들'이 정리된다는 장점도 있어요. 어떤 후기에서 이 지역은 너무 노후화된 상태라 좋아 보이지 않았다는 내용을 본 적이 있는데, 저는 그 정도까지는 아닐 것 같았거든요. 그런 건 따로 메모했다가 현장에 갔을 때 조금 더 주의 깊게 보는 거죠. 그들이 봤던 시점과 내가 보는 시점에서의 상황이 다를 수도 있고, 그들이 놓친 부분도 있을 테니 후기 내용을 100% 정답이라고 맹신하지 않는 게 좋아요.

지역의 인기에 따라서 임장후기가 적을 때도 있고, 많을 때도 있는데요. 임장후기가 너무 많은 지역이라면 최근 2년 정도 분량만 걸러서 봐도 괜찮습니다. 4단계까지의 과정을 통해 교통, 상권, 학원가, 인기 아파트 등 기본 정보를 아는 상태에서 보는 거라 눈에 들어오는 내용이 많을 거예요.

오히려 후기 중에 잘 모르는 내용이 있을 때가 더 좋은 기회가 돼요. 공급이 어떻다, 입주가 어떻다, 미분양이 어떻다는 말이 나오는데 그게 뭔지 모른다면 그때그때 검색해서 내 걸로 만드는 거죠. 예를 들어 예정된 공급량이 많아서 안 좋다는 후기를 봤다면, '공급이 많으면 왜 안 좋나요?'를 검색해 봐요. 미분양이 해소되고 있는 지역이라 좋을 것 같다는 후기를 봤다면, '미분양이 해소되고 있다면?' 등의 키워드로 검색해 보세요. 잘 정리된 데이터가 나올 거예요. 한 번에 모든 게 다 정리된 책을 읽을 때보다 직접 알아보면서 궁금한 걸 하나씩 해결하는 게 더 머릿속에 잘 남더라고요.

5단계가 시간이 오래 걸린다고 말한 이유가 이것 때문이에요. 단순히 후기를 읽는 게 아니라, 읽다가 모르는 내용이 나오면 계속 검색하고 이해하는 과정이 필요하니까요. 그냥 넘어가면 얻는 게 별로 없답니다. 처음 임장할 때는 정말 오래 걸리지만, 하나하나 알게 되는 내용이 많아지면서 점점 단축될 거예요. 주로 나오는 얘기가 거기서 거기거든요.

5단계에서 중점적으로 파악해야 할 것은 해당 지역의 부동산 이슈와 진행 상황이에요. 임장후기나 인터넷 검색으로 쉽게 알 수 있어요. 그 지역의 이슈가 무엇인지를 먼저 파악한 후, 그 이슈의 중심에 있는 아파트 위주로 살펴보세요. 진행 상황은 임장후기만으로는 알기 어려우니까 최근 뉴스기사를 통해 파악하는 게 좋습니다.

"부동산은 심리에 의해 좌우된다"라는 유명한 말이 있어요. 해당 지역의 집값이 상승할 것이라는 분위기가 형성되면 실수요자나 투자자가 시장에 적극적으로 뛰어들죠. 반대의 경우 거래량이 뜸해지며 가격이 더 낮아질 때까지 관망하게 되고요. 그래서 부동산 커뮤니티를 통해 일차적인 심리를 파악했어요. 블라인드 사이트의 부동산 게시판과 네이버 카페인 부동산 스터디에 들어가 관련 지역에 대한 키워드를 검색해 봅니다.

'블라인드'는 대학생들이 이용하는 에브리타임의 직장인 버전이라고 생각하면 돼요. 아무래도 직장인들은 재테크에 관심 있는 사람이 많다 보니, 부동산 게시판도 활성화되어 있는 편이거든요. '부동산 스터디'는 네이버에서 유명한 부동산 재테크 카페입니다. 요즘 이 지역의 분위기는 어떤지, 몇 년 전에는 어떤 이야기가 나왔고, 실제로는 어떻게 흘러갔는지 등을 확인하면 좋아요. 지역 카페 역시 도움이 됩니다. '지역명 + 부동산'으로 검색하면 해당 지역 부동산 카페가 나오는데, 실제로 지역 내부에 사는 사람들이 그 안의 생활권을 어떻게 생각하고 있는지 파악할 수 있어서 임장 조사에 도움이 됐어요.

단, 커뮤니티의 글들을 너무 맹신하진 않는 게 좋으니 주의하세요. 신뢰할 수 있는 근거가 명확하지도 않고, '욕세권'이라고 부동산 커뮤니티에서 욕을 먹는 동네는 오히려 가격이 오른다는 이야기도 있거든요. 그냥 참고만 하세요.

6단계: 나만의 원 페이퍼 임장지도 그리기

이제 드디어 지도를 그립니다. 앞에서 아파트를 정했고, 임장후기를 보면서 일차적으로 알게 된 정보들도 다 스크랩했잖아요. 그걸 토대로 나만의 한 장 지도를 그리는 거죠. 이 단계쯤 되면 머릿속에 대충 내용은 다 들어 있는 상태여야 해요. 큰 그림을 그리면서 더 완벽하게 내 것으로 만드는 단계니까요. 만약 머릿속에 내용이 없다면, 앞의 과정을 조금 더 하고 오는 게 낫습니다. 임장지도를 그리는 방법 자체는 간단합니다.

첫 번째, A4 한 페이지를 내가 보는 구역 전체라고 생각하며 그 안에 역, 주요 상권, 학원가를 표시해요. 색연필이나 형광펜으로 굵직한 것들을 표시하면 눈에 잘 들어옵니다.

두 번째, 임장지도를 쓱 보고 바로바로 파악할 수 있도록 각 지역이나 아파트의 특징을 한마디로 짧게 정리해 적습니다. 아파트 실거주평에서 유독 기차 소음이 심하다고 했다면 그런 내용도 적어두세요. 실제로 해당 아파트에 가서 기차 소음이 어느 정도인지 중점적으로 살필 수 있으니까요. 저는 꼭 챙길 부분인데 기억이 안 날 것 같은 것도 다 적어뒀어요. 호갱노노에 들어가 아파트 이름을 클릭한 후 왼쪽 위에 있는 대화창 모양을 클릭하면 실거주평을 볼 수 있습니다.

세 번째, 최근 실거래가나 전세가율처럼 기억하기 어려운 숫자를 적어요. 알고 있는 것 같아도 막상 돌아다니다 보면 잊을 수 있거든요. 직접 그 지역을 돌아다닐 때, 임장지도로 아파트 가격을 바로 확인해 보면서 내가 느끼는 것과 가격을 비교하는 용도로 생각하면 되겠습니다.

보통 입지 좋은 구축의 경우 재건축에 대한 기대감에 매매가격은 높은데, 상대적으로 오래된 집을 임대해서 살고 싶은 사람의 수요는 적으니 전셋값은 낮아요. 그래서 매매가 대비 전셋값, 즉 전세가율이 낮아지게 되는 거죠. 또 원래는 전세가율이 낮았는데 최근에 전세가율이 다시 올라붙는 등 유의미한 전세가율 변동이 있는 경우에도 적어두었다가 이유를 파악해 보는 것도 도움이 돼요. 전세가율은 (전세가격 / 매매가격) × 100으로 계산해요. 최근 실거래가는 네이버 부동산을, 전세가율은 호갱노노를 참고해 보세요.

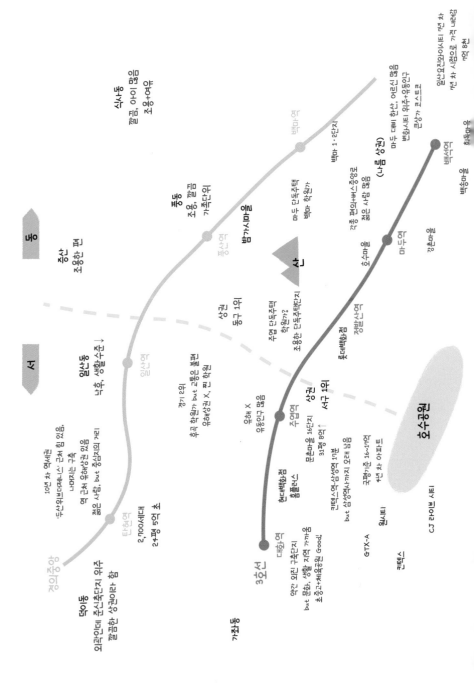

서 ← 동

경의중앙

단위동
외곽이긴 한데 준신축단지 위주
깔끔한 상권이란 함

10년 차 역세권
두산위브판테스 근처 함 있음.
나머지는 구축
역 근처 유해상권 있음
젊은 사람, but 중심지의 거리

탄현역

2,700세대
24+평 5억 초

3호선

대화역
입지 외진 구축단지
but 문화, 생활 지역 가까움
초중고+체육공원 Good!

현대백화점
홈플러스

문촌마을 16단지
31평 8억↑

킨텍스역↔삼성역까지 1번
but 삼성역까지 오래 남음

국평기준 16~17억
역선 차 아파트

GTX-A

킨텍스

일산시

유해 X
유동인구 많음

주엽역
주엽단지

경기 2위

후곡 학원가 but 교통은 불편
유흥상권 X, 찐 학원

일산역

일산동
낚주, 생활 수준 ↓

일산신도시 근주단지 위주
젊은 사람, but 중심지 거리

상권
동구 1위

상권
서구 1위

롯데백화점

주엽 단독주택
한강가?
조용한 단독주택단지

호수공원
CJ 라이브 시티

밤가시마을

마두 단독주택
백마 하원가?

각종 편의+버스중앙로
젊은 사람 많음

정발산역
주엽신역

호수마을

마두역

강촌마을

산

중산
조용한 편

백마역

식사동
깔끔, 아이 많음
조용+여유

풍동
조용, 깔끔
가족단위

백마 1·2단지

(나름 상권)

마두 대비 한산, 어린이 많음
변호사시티 위주+유동인구
근상가 코스트코

백송마을

백석역

화정마을

일산요진와이시티 맨션 차
맨션 차 시점으로 가격 내려감
맨 8천

7단계: 맛집, 카페 챙기기

저는 임장 루트에 있는 맛집과 카페는 꼭 챙겼어요. 임장은 체력소모가 커서 영양 보충 차원에서도 중요하지만 일단 재밌잖아요. 그냥 카페 가서 노느니 이렇게 임장하면서 놀면 추억도 쌓이고, 지식도 쌓이니 일석이조가 따로 없죠. 그 지역 맛집이나 카페를 찾다 보면 2030 핫플이 어디인지도 정확하게 알 수 있고, 지역 주민들은 어디로 놀러 가는지 주민들의 생활패턴이 추려지기도 해요. 굳이 말하자면 주요 상권 파악용이랄까요. 되도록 그동안 먹어보지 못했던 것들을 선택해 새로운 추억을 많이 만들어 보세요. 이렇게 다녀오니까 정말 좋은 기억으로 남았어요.

지금까지 취미 임장 방법을 소개했어요. 처음에야 각 단계가 낯설고 번거롭게 느껴지겠지만 몇 번 반복하다 보면 새로운 기준이 생기기도 할 거예요. 그럼 그런 것들을 추가해 나만의 사전 조사 방법으로 다듬어가면 됩니다. 어떤 방법으로 투자하든 결국 지역을 잘 아는 건 큰 무기가 돼요. 지금부터 한 지역 한 지역 알아가면 꼭 필요한 순간에 정말 큰 도움이 된다고 장담할 수 있어요. 즐겨야 오래 할 수 있다는 사실을 잊지 말고, 최대한 즐겁게 잘 다녀오길 바랄게요.

청약에 도전하고 싶다면 미리미리!

'청포족, 청무피사' 이런 말 들어본 적 있나요? '청포족'은 청약을 포기한 사람들이라는 뜻이에요. 청약점수는 무주택 기간, 부양하고 있는 가족 수, 청약통장 가입기간으로 가점이 부여되기 때문에 당연히 2030보다 4050에 유리해요. 청약점수로 당첨자가 가려지는 가점제에서는 2030이 경쟁하기가 당연히 어렵죠. 청약점수가 낮을 수밖에 없으니까요. 청약에 당첨되기가 어렵다 보니 '청무피사'라는 신조어도 생겼어요. '청약은 무슨… 피(웃돈) 주고 사'라는 뜻이에요.

실제로도 책이나 부동산 투자자들의 이야기를 들어보면, 청약은 무조건 포기하고 시작하라는 의견이 압도적으로 많아요. 그래서 저 역시 '아, 청약은 어려우니까 하지 않는 게 좋겠구나'라고 생각했었죠. 그런데 청약을 포기하고 내 돈으로 첫 주택을 사면 '생애최초 특별공급'에 청약할 기회 자체가 사라진다는 걸 알고 있나요? 2030이 청약에 당첨될 확률이 가장 높은 게 이 생애최초 특별공급이거든요. 이 말을 듣고는 아까운 마음에 혹시나 해서 청약 공부를 좀 제대로 해봤더니 점점 생각이 바뀌었어요. '어? 이거 잘하면 기회가 있을 수도 있겠는데?' 싶더라고요.

혹시 청약을 포기할 생각이었다면 판단을 살짝 미루고 이번 장을 잘 읽어보세요. 저는 제 동생이 취업하면 청약 공부부터 시킬 거라서요. 어느 지역에 분양건이 나오는지, 요즘 주로 분양하는 아파트의 특징은 뭔지 등을 파악하는 것만도 무시할 수 없는 정보가 돼요.

몇 년 전이었다면 저 역시 "20대는 청약 포기하고 가세요"라고 말했을 것 같아요. 부동산 시장에 영향을 미치는 주요 요인 중 하나가 정책이에요. 그 정책을 보고 나의 기회를 찾는 게 중요하죠. 그래서 가장 최근의 부동산 정책이 뭔지, 앞으로 바뀔 예정인 정책은 어떤 건지 등을 적극적으로 알아봐야 해요. 결론부터 말하자면 2021년 11월 16일 자 기준으로 2030에게 조금 더 기회를 주는 방향으로 정책이 바뀌었어요. 또, 2023년 1월 3일 자로 나온 정책을 보면 청약하기에 더 좋도록 변경되었는데요. 이전에 있던 많은 규제가 폐지되거나 완화되었으니 이 부분도 집중해서 읽어보세요.

저 역시 청약에 대한 이런저런 이야기는 많이 들어봤지만 정확한 내용은 모르고 있었어요. 청약통장만 있는 게 다가 아니라 청약이 뭔지, 어떻게 청약하는 건지 기본적인 내용을 알아야 할 것 같아서 열심히 공부했죠. 당장 집을 살 건 아니지만, 그런 세상이 있다는 걸 알게 된 덕분에 돈을 모으는 일에도 강력한 동기부여가 됐던 것 같아요.

주택 청약은 '새로 분양하는 신축 아파트'의 입주자를 선정하는 거예요. 어차피 다른 아파트를 살 때처럼 내 돈 주고 입주해야 하는 건데 왜 청약에 당첨되고 싶어 하는 걸까요? 이런저런 이유가 있지만 일단 말 그대로 '신축' 아파트의 '첫' 입주자로 들어갈 수 있다는 게 매력적이에요. 다른 사람이 살던 집이 아니라 모든 게 새것인 집에서 살고 싶은 건 당연하잖아요. 다들 구축보다 신축을 선호하니 청약 인기가 많을 수밖에 없어요.

그럼, 신축을 선호하는 이유는 뭘까요?
첫 번째 이유는 건축 기술의 발달과 관련이 있어요. 제가 임장했던 어떤 아파트는 준공 당시 최고급 아파트였는데, 엘리베이터가 처음 설치되어 화제가 됐었다고 해요. 주민들이 '엘리베이터'라는 고급장비의 작동법을 어색해 해서 모든 엘리베이터에 3교대 승무원이 있었다고 하더라 고요. 요즘 신축 아파트는 엘리베이터를 기다릴 필요도 없 죠? 집에서 호출 버튼을 눌러 놓고 나가자마자 바로 탈 수 있는 기능이 생겼어요. 현관문에서 스위치 하나로 전체 조 명을 끌 수도 있죠. 신축 아파트에는 이렇게 더 나은 기술 이 적용돼 더 편리하게 생활할 수 있어요.

두 번째 이유는 트렌드가 바뀌는 것처럼 사람들의 취 향도 바뀌기 때문이에요. 최근 신축을 보면 거실 공간은 크 고, 방 크기는 작아지고 있는데, 이 역시 사람들의 취향과 라이프 스타일을 반영한 결과예요. 피트니스 센터나 골프 시설까지 갖추는 것도 마찬가지 이유죠.

신축 아파트에 들어갈 방법에는 청약 말고도 재개발 재건축이 있어요. 그런데 재개발 재건축은 매수 후 입주까 지 상당히 오랜 기간을 두고 기다려야 한다는 점, 그리고 청약보다 큰돈이 필요하다는 점에서 2030에게 적당한 방 법은 아니라고 생각해요. 모든 분양건이 다 좋은 것도 아니 에요. 청약 모집을 했는데 모집 인원보다 실제로 계약한 인 원이 적으면 '미분양이 났다'고 말해요. 처음엔 미분양 단 지들을 보며 '오, 청약은 저렇게 자리가 많이 남는구나'라고

가볍게 생각했었는데 그게 아니더라고요. 미분양이 난 이유는 다양하지만 인근 시세 대비 분양가가 높았을 가능성이 커요.

보통 인기 많은 분양건을 보면 분양가가 저렴하다는 특징이 있어요. 분양가가 싼지 비싼지를 알려면 단지 인근의 신축 아파트와 비교해 보면 돼요. 주변 비슷한 입지에 있는 A 아파트의 시세보다 새로 분양되는 B 아파트의 분양가가 2~3억 저렴하다면, 2~3억만큼 싸게 사는 거니까 '안전마진'이 있다고 말해요. 사도 손해 볼 일은 없는 거죠.

청약의 또 다른 장점은 당장 집값을 다 갖고 있지 않아도 입주할 때까지 돈을 모을 수 있다는 것이에요. 일반적인 매매 계약에서는 계약부터 잔금까지 길게는 3개월 정도의 시간만 주어지는데요. 청약은 당첨 후 입주 전까지 보통 1년 반에서 2년이 걸려요. 그럼, 우린 그 사이에 돈을 더 모을 수 있겠죠? 내 집이 열심히 지어지는 동안 그 집을 생각하면서 돈을 열심히 모으는 거예요.

분양가의 10~20%의 계약금은 모은 돈으로 납부하고, 그 후 약 50%의 중도금은 대출받아 처리할 수 있어요. 그렇게 계약일로부터 1년 반이 지났는데도 입주할 때 돈이 부족하다면 전세를 받아서 잔금을 내는 방법도 있어요.

사실 이 일련의 과정이 한동안 어려웠어요. 2022년

정책까지만 해도 중도금 대출 한도가 있었고, 집을 사면 무조건 일정 기간 거주해야 하는 등 조건이 많았거든요. 그런데 중도금 대출 제한도 2023년 1분기 내 폐지되고, 실거주 의무까지 폐지되면서 다시 가능하게 된 거예요.

청약은 특히 부동산 정책에 영향을 많이 받기 때문에, 바뀌는 부동산 정책에 항상 귀를 기울이고 자신에게 맞는 전략을 수립하는 게 가장 중요하답니다.

청약통장은 어떻게 가입하나요?

청약하려면 '청약통장'이란 게 있어야 해요. 아마 많이들 가지고 있을 거예요. 청약통장은 빨리 만들어야 한다는 주변 이야기를 듣고 뭐가 뭔지 모르지만 일단 만들어둔 사람도 있을 거고, 부모님이 만들어주셨을 수도 있죠. 만약 청약통장이 없다면 하루라도 빨리 만드는 게 좋아요.

무순위 청약이나 아파텔 청약은 청약통장 없이도 지원할 수 있어요. '무순위 청약'은 청약이 다 끝난 후 미분양된 세대나 부적격 등으로 취소된 미계약 세대에 청약하는 걸 말해요. 아파텔 청약은 오피스텔인데 아파트처럼 거실과 방이 있는 곳을 말하고요. 하지만 가장 많은 국민주택과 민영주택을 분양받으려면 청약통장이 꼭 필요하니 미리 만들어두세요. 민영주택의 선호도가 더 높고, 나중에 분양이 끝난 후 입주했을 때 해당 지역의 대장 아파트가 되어 있을 확률 역시 더 높습니다.

국민주택

국가, 지자체, LH 및
지방공사가 건설하는 주택
예) LH, SH

민영주택

민간 건설 사업자가
건설하는 주택
예) 자이, 더샵, 힐스테이트

청약통장은 누구나 만들 수 있는데, 청년이라면 청년 우대형 청약통장을 추천할게요. 청약통장이 이미 있더라도 조건에 해당한다면 청년 우대형 청약통장으로 전환할 수 있어요. 기존 가입자라면 같은 은행으로 전환해야만 예치금과 가입기간을 모두 승계받을 수 있으니 참고하세요. 대신, 청년 우대형 청약통장에 가입하려면 나이, 소득, 주택 소유 여부 등 총 3가지 조건을 모두 충족해야 해요.

첫 번째 조건은 대한민국 거주자이면서 만 19세 이상 ~만 34세 이하여야 한다는 거예요. 단, 군 복무 기간만큼은 연장할 수 있어요. 2년 복무 시 만 36세까지 가능한 거죠. 복무 기간은 최대 6년(만 40세)까지 인정되니 부사관이나 장교 등으로 복무한 사람이라면 참고하세요.

두 번째 조건은 소득이에요. 직전 연도 소득 총급여액이 3천 6백만 원 이하여야 하며, 근로, 사업 및 기타소득자 한정이에요. 소득세 신고가 증빙되어야 하는데, 병사 월급 같은 비과세 소득은 안 돼요. 만약 전년도 과세기간 소득금액이 확정되지 않은 상황이라면 전전년도 소득으로 판단해요. 예를 들어 전년도 소득이 0원이면 발급이 불가해요. 1원 이상이라도 되어야 하니 참고하세요. 그럼 전년도 소득이 0원인데, 올해 아르바이트를 하거나 직장에 취업했다면 어떨까요? 이럴 때는 회사 직인이 찍혀 있는 급여명세표를 제출하면 됩니다.

세 번째 조건은 주택 소유 여부예요. 다음 3가지 항목 중 하나에 해당하면 되니 확인해 보세요. (1)가입자 본인이 주택을 소유하지 않은 세대주. 이 경우는 최근 3개월 내 발급된 주민등록등본을 제출하면 됩니다. (2)주택을 소유하지 않은 자로서 가입일로부터 3년 이내에 세대주가 될 예정인 자. 이 경우는 주민등록등본을 통장 해지 전까지 제출해야 해요. 가입일로부터 3년 이내에 3개월 이상 동안 연속하여 세대주임을 입증할 수 있어야 하니 주의하세요. (3)주택을 소유하지 않은 세대의 세대원인 자. 이걸 증명하려면 최근 3개월 이내 발급된 주민등록등본과 가입자가 속한 세대의 세대원 전원의 지방세 세목별 과세증명서가 필요해요.

일반적인 청약통장은 금리가 거의 없지만, 청년 우대형 청약통장은 우대금리가 적용돼요. 일반 청약통장보다 최대 1.5%의 이율을 더 받을 수 있는 구조니까 이왕 돈을 넣어둘 거 더 조건이 좋은 통장에 가입하는 게 좋겠죠? 또, 일반 청약통장은 이자소득세를 15.4% 징수하는 데 비해, 청년 우대형 청약통장은 2년 이상 가입하면 이자소득 500만 원까지 비과세도 적용된답니다.

청약통장에 가입하거나 전환을 원한다면 다음의 서류를 준비해서 은행으로 가면 됩니다. *신한, *농협, *국민, *우리, 기업, 외환, 대구, 부산, 경남은행에서 가능하고, 별표로 표시한 은행은 비대면으로도 가능해요.

청약 가입 시 필요한 서류

- (소득이 없는 경우) ISA 가입용 소득확인 증명서: 홈택스 발급
- (소득이 있는 경우) 원천징수영수증: 홈택스 발급
- 주민등록등본: 동사무소, 키오스크, 홈민원
- 무주택확인서: 은행에서 발급 가능

청약 신청 시 필요한 자격

청약통장만 있으면 내가 원하는 분양건에 언제든 청약할 수 있는 줄 알았는데 그건 아니었어요. 청약 가입 기간, 예치금액, 주택 보유 여부, 거주지 등 다양한 지원 자격을 충족해야 하더라고요. 본인의 상황에 따라 1순위, 2순위로 나뉘는데 대부분 괜찮은 청약은 1순위에서 마감되니까 1순위 청약통장을 만들어 놓는 게 중요해요. 그래서 이번에는 공통으로 갖춰야 하는 자격에 대해 정리해 볼게요. 자세한 조건은 조금씩 다를 수 있으니까 신청하기 전에 입주자모집공고문을 꼼꼼하게 확인하세요.

'현재 집이 없으니까 난 당연히 신청할 수 있겠지'라고 생각했는데요. 무주택 세대주가 아니라서 저는 신청할 수 없었어요. '무주택 세대주'는 세대주를 포함한 세대원 모두가 주택을 소유하고 있지 않은 세대의 세대주를 말해요. 쉽게 말해 청약 신청하는 본인이 주민등록등본상 '세대주'로 등록되어 있어야 하고, 부모님과 같이 산다면 부모님과 본인 모두 주택을 갖고 있지 않아야 한다는 뜻이에요.

부모님과 함께 사는 경우가 대부분일 20대는 무주택 세대주 요건을 갖추지 못한 사람이 더 많을 거예요. 대부분의 청약은 '무주택 세대주'라는 자격요건을 갖춰야만 유리하니까 미리 확인하는 게 좋아요. 이 내용이 원칙이긴 한데 다양한 예외가 있어요. 다음 페이지에 정리했으니 각자의 상황에 맞게 따라가며 내가 청약 신청을 할 수 있는 일차적인 조건을 갖췄는지 확인해 보세요. 무주택 세대주 요건을 갖추지 않은 경우, 어떻게 하면 요건을 갖출 수 있는지도 함께 적어 놨어요.

지역별, 면적별 예치금을 충족해야 청약할 수 있어요. 여기서 지역은 '내가 청약하고 싶은 지역'이 아니라 '지금 내 거주지로 설정된 지역'을 말해요. 면적은 내가 청약하고 싶은 크기 맞아요. 예를 들어 내가 서울에 살고 청약통장에 400만 원이 있다면 85m² 이하의 청약에만 신청할 수 있어요. 기준이 되는 날짜는 청약 신청일이 아니라 모집 공고가 난 '모집 공고일' 기준이라는 것도 알아두세요.

내가 무주택 세대주인가?

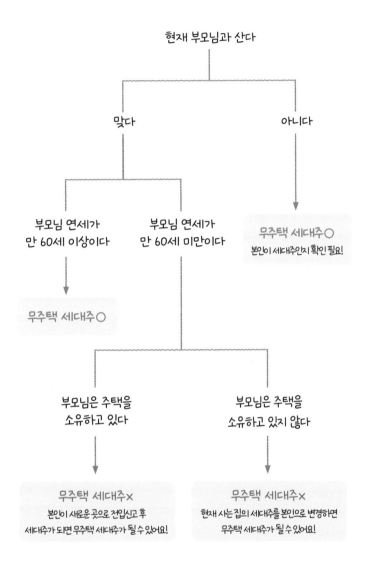

현재 부모님과 산다

맞다   아니다

부모님 연세가
만 60세 이상이다

부모님 연세가
만 60세 미만이다

무주택 세대주○
본인이 세대주인지 확인 필요!

무주택 세대주○

부모님은 주택을
소유하고 있다

부모님은 주택을
소유하고 있지 않다

무주택 세대주✕
본인이 새로운 곳으로 전입신고 후
세대주가 되면 무주택 세대주가 될 수 있어요!

무주택 세대주✕
현재 사는 집의 세대주를 본인으로 변경하면
무주택 세대주가 될 수 있어요!

2030이 청약에서 공략하기 좋은 것들

청약에 당첨되기 힘들다고는 하지만 쉽지 않다는 게 불가능하다는 건 아닐 거예요. 지금도 누군가는 공략하기 좋은 것들을 열심히 찾아 당첨되고 있을 거니까요. 어찌 되었든 모집인원이 있고 본인이 조건을 다 갖췄는데, 조건이 되는지도 모른 채 시도조차 하지 않는 건 너무 아깝잖아요.

이번에는 2030이 청약에서 공략하기 좋은 것들에 대해 알아볼 거예요. '오, 이거 진짜 기회가 있긴 하겠는데?' 싶은 것들이니까 2~3년 뒤에 직접 거주할 집을 마련하고 싶은 사람이라면 특히 주목해서 봐주세요.

일반공급의 추첨제

일반적으로 '청약' 하면 떠오르는 건 청약점수로 당첨자가 선정되는 일반공급 가점제예요. 그런데 일반공급에는 가점제뿐만 아니라 '추첨제'도 있거든요. 주변에 20대에 당첨된 사람이 있다면 추첨제였을 확률이 높아요. 말 그대로 추첨이라서 청약점수 등의 조건 없이 모두 같은 상황에서 경쟁하는 거니까요.

어떤 지역에 청약하느냐에 따라 조건이 조금씩 다른데요. 2023년 1월 3일 전까지 서울에 전용면적 85m² 이하 주택은 가점제 100%라 추첨제 물량이 없었어요. 당연히 청약점수가 낮은 20대들은 당첨 가능성이 없었고요. 그나마 85m² 초과 주택이 가점제 50%, 추첨제 50%라 여기에서 추첨제로 당첨을 노려볼 수 있었어요. 하지만 그만큼 비싸서 사실상 청년들에게는 부담스러운 상황이었죠.

좋은 소식인 건 2023년 1월 3일부터 정책이 바뀌어 서울 4구(강남, 서초, 송파, 용산)를 제외한 추첨제 물량이 대폭 늘어났다는 거예요. 전용면적 85m² 이하 주택은 가점제 40% 이하(지자체 결정), 85m² 초과 주택은 추첨제 100%로 바뀌었거든요. 일반공급은 청년들에게 큰 희망이 없었는데, 이렇게 바뀌었으니까 잘 활용하여 전략을 세워보면 좋을 것 같아요.

생애최초 특별공급

추첨제, 가점제로 당첨자를 선발하는 일반공급 외에도, 특정한 조건에 맞는 당첨자를 선발하는 '특별공급' 제도라는 게 있어요. 특별공급은 신혼부부, 다자녀, 생애최초, 장애인 등 다양하고, 1세대당 평생 딱 1번만 당첨될 수 있는데요. 특정한 조건을 충족해야 해서 일반공급보다 특별공급 경쟁률이 더 낮은 편이에요.

특별공급에서 추천하는 건 '생애최초'예요. 일반공급보다 경쟁률이 낮다고는 하지만, 사실상 결혼하지 않은 미혼 1인 가구에게 주어지는 특공 기회는 거의 없었어요. 기존에는 생애최초 특별공급도 기혼자나 자녀가 있는 유자녀 가구만 신청할 수 있었거든요. 그러다가 2021년 11월에 민간주택에 한해 생애최초에도 추첨제가 도입되는 기회가 생겼어요. 미혼 1인 가구라면 생애최초 추첨제 30% 물량에 청약 신청을 할 수 있게 된 거죠.

단, 이 경우 전용면적 60m² 이하 주택에만 지원할 수 있어요. 흔히 아는 평수로 말하면 24평형이에요. 혼자 살거나 아이 없는 신혼부부가 지내기에 괜찮은 면적이고, 첫 주택이니까 24평형도 나쁘지 않다고 생각해요. 면적과 가격은 비례하기 마련인데, 첫 주택을 마련하는 시기에는 아무래도 보유 자금이 많지 않으니 현실적으로 공략하기 좋은 기회라고 할 수 있죠.

무순위 청약

앞서 말한 일반공급 추첨제, 생애최초 특별공급 등은 20대가 도전할 수는 있지만 청약통장이 있어야 하고, 지역별/타입별로 예치금액도 충족해야 하는 등 여러 조건을 갖춰야 해요. 그런데 무순위 청약은 이런 조건 없이 100% 추첨으로만 당첨자를 선정하죠. 무순위 청약은 분양 일정이 모두 끝난 뒤에 부적격 물량이나 취소 물량 등으로 나온 잔여 세대에 한해 청약 기회를 제공하는 거예요. 남은 세대를 주워 간다는 의미에서 '줍줍'이라고도 불러요.

2022년까지는 '해당 지역에 거주하는 무주택자'만 그 지역에 무순위 청약이 가능해서, 청약 당첨확률을 높이려고 일부러 그 지역으로 전입신고를 하기도 했어요. 그런데 2023년 2월 중으로 지역 거주 요건이 폐지되면서 당해지역에 거주하지 않아도 청약할 수 있게 되었어요. 한마디로 경기도민이라도 서울의 '줍줍'에 참여할 수 있게 된 거죠. 기회는 확대됐지만, 줍줍이 나왔다고 모두 좋은 조건은 아니니 옥석 가리기를 잘한 후 신청하길 바랄게요.

실제로 청약 신청하기

지금까지 2030이 청약에서 공략하기 좋은 것에 대해 말했는데요. 어떤 상황인지, 어디에 거주하고 싶은지는 사람마다 모두 다를 거예요. 청약에 대해 처음 들어봤다면 한 번 읽은 것으로 다 이해하기가 쉽지 않아요. 여러 번 읽어보고 좀 더 적극적으로 관련 정보를 찾아보길 권할게요. 조금만 깊이 들어가면 본인만의 청약 공략법을 찾을 수 있을 거예요.

청약홈 사이트랑 마구 친해지기 - 입주자모집공고와 청약 신청 과정

거듭 말하지만 분양건마다 세부적인 조건이나 규제에 차이가 있어서 각 분양건의 '입주자모집공고'를 자세히 읽어

봐야 해요. 입주자모집공고는 '청약홈' 사이트에서 확인할 수 있어요. 아파트 청약을 노린다면 청약홈이랑 친해지세요. 청약홈의 청약 캘린더를 보면, 어떤 아파트의 청약 신청일이 언제인지가 잘 정리되어 있어요. 클릭하면 모집공고 및 세부정보까지 쫙 확인할 수 있답니다.

청약 신청 자격요건은 복잡해도 신청하는 방법은 정말 간단해요. 청약홈 홈페이지에 들어가서 로그인하세요. '청약 신청' 메뉴를 클릭한 후 내가 원하는 분양건을 선택하고, 간단한 설문에 응한 후 신청하면 끝이랍니다. 청약홈에 들어가 '공고단지 청약연습 - 청약가상체험' 메뉴에서 연습해 볼 수도 있으니 너무 긴장하지 마세요.

청약 신청 시 특히 주의해야 할 점은 자격요건을 잘 갖췄는지를 확인하는 거예요. 부적격으로 당첨이 취소되면 일정 기간 다른 일반 청약 및 민간 사전청약 당첨이 불가하거든요. 자격을 제대로 확인하지 않고 청약에 넣어서 힘겹게 만든 청약통장에 당첨 제한이라도 걸리면 억울하겠죠? 청약 신청은 간단하지만, 부적격일 경우 제한이 있으니 꼭 신중하게 넣으세요.

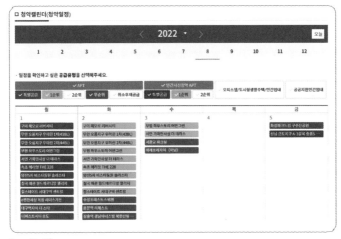

출처: 청약홈(applyhome.co.kr)

해당 분양건을 클릭하면 나오는 입주자모집공고 정보

'모집공고문 보기'를 통해
자세한 내용을 확인할 수 있어요!

당장 청약하지 않더라도 미리 해두면 좋은 것들

당장 청약 신청을 하지 않을 거라도 미리 하면 좋은 것들이 있어요. 첫 번째는 모집공고를 보고 이해할 수 있는 수준을 갖추는 것입니다. 각 분양건에는 입주자모집공고문이 있어요. 많게는 30쪽이나 돼서 그 방대한 양에 미리 겁을 먹었던 기억이 있는데요. 전체를 다 볼 필요는 없어요. 청약에는 일반공급이 있고, 특별공급이 있다고 했죠? 특별공급만 해도 종류가 많은데, 이 모든 것에 대한 안내를 공고문에 다 넣다 보니 양이 많아진 것뿐이에요.

내 상황에 맞는 청약 공략법을 미리 공부하세요. 앞부분에 있는 공급 금액과 공급 내역, 내가 지원하고자 하는 유형에 대한 설명을 보면 바로 이해할 수 있는 수준으로 만들어 놓는 게 좋아요. 특정 지역, 평형에 따른 분양가에 대해 감을 익히고, 세부적으로는 어떻게 지원 자격이나 요건이 다른지도 알고 있는 거죠. 이건 한 주에 모집공고 3~4개씩 보면서, 총 4주 정도만 해보면 금방 파악할 수 있어요. 그 연습을 한 후 청약홈에 들어갈 때마다 요즘은 분양가가 어떻게 나오는지 확인해 보면 더 좋아요.

두 번째는 청약 공고가 올라오면 경쟁률을 추측해 보고 결과를 비교해 안목을 기르는 거예요. 청약은 무조건 좋다는 이야기가 많은데, 신축의 함정에 빠지면 안 돼요. 특히 시장이 좋지 않을 때는 청약도 옥석을 가리는 게 중요하

총 게시물 : 409

지역	주택구분	분양/임대	주택명	시공사	문의처	모집공고일	청약기간	당첨자발표일	특별공급 신청현황	1·2순위 경쟁률
경기	민영	분양주택	오산 세교2지구 A10블록 한라빌 디에스트	(주)대원	☎ 031-376-8111	2022-08-19	2022-08-29~2022-08-31	2022-09-06	신청현황	경쟁률
서울	민영	분양주택	천왕역 모아엘가 트레뷰	혜림건설(주)	☎ 02-6951-1232	2022-08-19	2022-08-29~2022-09-01	2022-09-07	신청현황	경쟁률
대구	민영	분양주택	힐스테이트 칠성 더오페라	현대엔지니어링(주)	☎ 1533-2145	2022-08-19	2022-08-29~2022-08-31	2022-09-06	신청현황	경쟁률
서울	민영	분양주택	남구로역 동일 센타시아	동일건설(주)	☎ 02-876-4004	2022-08-18	2022-08-29~2022-09-01	2022-09-07	신청현황	경쟁률
울산	민영	분양주택	울산대공원 한신더휴	한신공영(주)	☎ 1533-4460	2022-08-18	2022-08-29~2022-08-31	2022-09-07	신청현황	경쟁률
부산	민영	분양주택	e편한세상 서면 더센트럴	디엘이앤씨(주)	☎ 070-7107-3418	2022-08-12	2022-08-22~2022-08-24	2022-08-30	사업주체문의	경쟁률
경기	민영	분양주택	라포르테 공도	(주)신영	☎ 1600-1164	2022-08-12	2022-08-22~2022-08-25	2022-08-31	신청현황	경쟁률
전남	민영	분양주택	화순샘빛 모아엘가 트레뷰	무아건설산업(주)	☎ 061-375-5557	2022-08-11	2022-08-22~2022-08-24	2022-08-30	신청현황	경쟁률
전북	민영	분양주택	군산 경남아너스빌 디오션	경남기업(주)	☎ 1533-0873	2022-08-11	2022-08-22~2022-08-24	2022-08-30	신청현황	경쟁률
강원	민영	분양주택	두산위브더제니스 센트럴 원주	두산건설 주식회사	☎ 1533-3620	2022-08-11	2022-08-22~2022-08-24	2022-08-30	신청현황	경쟁률

'청약홈 – 청약일정 및 통계 – 분양정보/경쟁률'에 들어가 '특별공급 신청현황'이나 1, 2순위 경쟁률을 클릭하세요. 경쟁률을 확인할 수 있어요.

거든요. 공부가 아니라 진짜 신청할 때가 왔다면 모델하우스에도 가보면서 더 깊이 조사하겠죠? 이때 헷갈리면 안 되는 게, 처음 보는 거라서 그 분양건이 되게 매력적이고 좋게 보일 수밖에 없어요. 비교 대상이 없으니까요. 그래서 그 전에 연습이 필요해요.

괜찮다 싶은 분양건이 있으면 지금 살 것처럼 청약 공고문을 확인하고, 홈페이지에도 들어가 보고, 입지도 확인한 후 예상 경쟁률을 추측해 보세요. 청약 신청기간이 끝나면 경쟁률 정보를 보는 거예요. 내 예상치보다 더 낮은 결과가 나왔다면 인터넷을 검색해서 다른 사람들의 의견은 어땠는지도 한 번 보고, 이유를 추론해 보는 거죠. 이런 연습을 거치다 보면 점점 괜찮은 분양건을 분별할 수 있는 안목이 생길 거예요.

이제 해당 지역을 잘 아는 게 어떤 방식의 부동산 투자를 하든 중요하다는 말에 공감할 거예요. 신도시라고 다 같은 가격이 아닌 것도 그렇죠. 해당 신도시와 인접한 지역이 어디인지에 따라 가격이 달라져요. 신도시와 인접한 지역들에 어떤 장단점이 있는지까지 찾다 보니 하나씩 다 이해되더라고요. 투자할 수 있는 상황이 왔을 때, 그제야 지역 공부를 시작하면 시간이 너무 아까워요. 더구나 그때는 또 그때대로 세금이나 투자 방법 등 신경 쓸 게 많아서 정신없거든요. 이 책을 읽은 여러분은 촘촘히 준비한 걸 기반으로, 버리는 시간 없이 안정적으로 자산을 일굴 수 있을 거예요.

뽕글UP 부동산 투자 과정에서 추천하는 책

부동산 투자 전에 꼭 읽어봤으면 하는 책이에요. 부동산 책을 볼 때 주의할 점은 오래되면 최근의 정책이 반영되어 있지 않을 수 있다는 거예요. 최신 개정판을 선택해서 현 정책이 녹아 있는 내용으로 보는 게 좋답니다.

아파트 청약 이렇게 쉬웠어?(김태훈 지음, 지혜로)
청약에 대한 구체적인 내용이 들어 있어요. 청약 책은 한 권 정해 정독하는 게 좋아요. 다만, 바뀐 정책이 반영되어 있지 않을 수 있으니 최신 정책과 비교해서 보길 권할게요.

우리 아파트 딱 100채만 보러 가보자(이아리 지음, 원앤원북스)
부동산은 이론도 이론이지만, 실무경험이 많은 사람의 인사이트가 참 귀하더라고요. 이 책의 저자는 15년간의 부동산 거래 경험과 임장 경험이 있고, 현재 강남 아파트 3채를 소유하고 있어요. 임장하러 갈 때 구체적으로 뭘 봐야 할지가 고민이라면 추천합니다.

20대부터 시작하는 부동산 공부(포이 지음, 체인지업)
큰 흐름부터 투자 방식 설명까지 되어 있는 책이에요. 큰 그림을 한 번 잡아주고 구체적으로 들어가기 때문에 이해하기가 더 편했습니다. 부동산 사이클에 대해서도 이해하기 쉽도록 설명해요.

만약 지금 하는 무엇인가가
잘 안된다면 잠시 멈추고 주변을 보세요.
열린 마음으로 주변을 잘 살피고 배우면서 간다면
분명 여러분의 다음은 달라질 거예요.

이 모든 건
훗날의
내가

PART
7

더 잘
살기 위한
거니까

재테크에도 요요가 있다

다이어트를 급하게 하거나 잘못된 방법으로 하면 금방 요요가 오는 것처럼, 급하거나 잘못된 방법의 재테크 역시 요요가 올 수 있습니다. 요요는 특히 '건강하지 못하게' 다이어트를 했을 때 오는데, 재테크 요요도 마찬가지로 건강하지 못하게 했을 때 와요.

혹시 '무지출 챌린지'에 대해 들어봤나요? MZ세대 사이에서 무지출 챌린지가 뜨겁다는 기사가 있었어요. 무지출, 말 그대로 지출 없이 돈을 악착같이 모으는 거더라고요. 식비가 많이 나오니까 회식에서 남은 밥을 싸 와서 다음 날 먹고, 많게는 세 끼까지 활용하는 것도 봤어요. 버스비를 아끼기 위해 10분이면 갈 거리를 1시간씩 걸어 다니는 등 아예 지출하지 않는 거더라고요.

저는 '무지출'에 대해 긍정적이지는 않아요. 무지출이 아니라도 돈을 잘 모았고요. 필요한 곳에 소비했지만 현명한 방법을 찾아 소비금액을 많이 줄일 수 있었어요. 도움이 된다고 생각하면 아낌없이 돈을 쓴 덕에 몇 배에 달하는 돈을 더 벌 수도 있었죠. 굳이 따지자면 '무지출'보다는 '잘지출' 파라고 할 수 있겠네요. '잘' 지출해서 수익 자체를 늘리면 무지출보다 훨씬 많은 돈을 모을 수도 있으니까요.

'무지출'이라는 단어에 너무 몰입하면 정말 필요한 것들을 놓칠 수 있어요. 소중한 지인과의 만남도 꺼려지고, 문화생활이나 여행은 당연히 멀어질 수밖에 없죠. 이제 막 재테크를 시작한 사람이라면 대부분 20대나 30대 초반일 거예요. 이 나이에는 나의 세계를 확장해야 할 때라고 생각해요.

책이면 되지 않겠냐고요? 책도 좋지만 동기부여는 누군가와의 만남이나 여행지에서 더 강렬하게 얻게 되더라고요. 좋은 아이디어가 떠오르기도 하죠. 게다가 내가 어떤 걸 할 때 행복한지 계속 알아가는 과정이 이 시기인데, 모든 지출을 막아버리면 내 삶에서 느낄 수 있었던 행복들까지도 막게 될까 봐 걱정스러워요. '잘지출' 파는 필요 없는 곳에는 명확하게 아끼되, 내 삶에 필요한 것에는 적극적으로 지

출하며 20대를 알차고 행복하게 꾸려 나갈 수 있습니다.

무지출을 실행했을 때 재테크 요요가 거의 99.9%로 오게 될 사람들은 '처음부터 무지출을 하지 않았던 사람들'이에요. 아예 아무것도 모르는 상태에서 무지출로 시작했다면 내 세상이 그것밖에 없었으니까 괜찮을 수 있어요. 비교할 게 없으니 좋은지 나쁜지도 알 수 없죠. 하지만 이미 지출을 많이 하던 사람이 갑자기 무지출로 돌아서면 결국 더 큰 보복소비로 이어질 수밖에 없어요. 요요가 오면 몸무게를 뺐던 기간보다 다시 찌는 속도가 훨씬 빠른 거 알죠? 재테크 요요도 마찬가지예요. 노력이 한순간에 물거품이 되는 것만큼 안타까운 게 없잖아요. 재테크는 정말 장기전이라서 요요 없이 건강하게 하는 게 중요해요.

이번에는 여러분의 재테크 여정에 두고두고 되새겼으면 하는 중요한 포인트들을 담아봤어요. 요요를 방지하는 방법, 노력했지만 재테크 요요가 왔을 때 극복하는 방법까지도 이야기해 볼게요.

체력은 운동으로, 내면은 책으로

우리의 재테크 여정을 조금 더 탄탄하게 만들어줄 2가지가 있어요. 바로 운동과 책이죠. 저는 정말 많은 도움을 받았어요. 재테크와 직접적으로 관련된 내용은 하나도 없지만, 둘 다 재테크에 도움이 된다는 건 확실합니다. 저는 운동과 독서를 정말 좋아해요. 스트레스받으면서 억지로 하는 게 아니라 정말 즐겁고 감사하게 하고 있어요. 젊을 때 하루라도 빨리 습관화해서 다행이라고 생각할 정도니까요.

운동 얘기를 먼저 해볼게요. 조금만 오래 걸어도 너무 힘들던 시절이 있었어요. 심지어 그때가 20살이었다는 거. 나이로 보면 가장 팔팔한 시기인데 말이에요. '힘도 없는데 어떻게 운동해' 할 정도로 운동과 나는 거리가 멀다고 생각했었죠. 그런 제가 운동을 결심하게 된 계기는 주변 선배들을 보면서부터였어요. 회사에 있으면 미래를 쉽게 예측할 수 있다고 앞에서 얘기했었잖아요. '저 직급에 가면 나는 어떤 일을 하고 있겠구나. 5년 뒤에는 이 정도 급여를 받겠구나'처럼 몇 년 뒤 제 모습이 선명하게 보였어요.

체형도 그랬죠. 비슷한 생활패턴을 가진, 퇴근 후 회식을 많이 하는 주변 선배들을 보면서 '나도 자세가 안 좋아지고, 배는 볼록 나오겠구나' 싶더라고요. 고민스럽긴 했지만 딱히 별 대책은 없었는데, 우연히 회사에 필라테스 강사를 초빙해 운동하는 동아리가 생겼다는 소식을 들었어요. 아는 사람은 한 명도 없었지만 용기 내서 연락한 게 시작이었죠.

회사 헬스장에 처음 가서 트레이너와 이야기를 나누다가 운동 열정에 제대로 불이 붙게 되었어요. 인바디 재기 전에 이름과 나이를 입력해야 해서 말했더니 무척 놀라더라고요. 당시에는 21살, 회사에서 보기 힘든 나이라 저를 본 사람들은 다들 신기해했고, 그런 반응이 새삼스럽지도 않아서 익숙했죠. 그런데 트레이너의 다음 말이 아직도 기억나요. "잘 오셨어요. 운동은 사실 일찍 할수록 근성장에 좋거든요. 수행능력도 금방 따라잡고요. 이미 망가져서 뒤

늦게 오는 사람들이 대부분인데, 진짜 잘 오셨네요."

일찍 해두면 좋은 것을 회사에서 열심히 찾아보고 있을 때라 그랬는지 귀에 쏙 들어왔어요. 일찍 하면 좋은 것, 운동! 트레이너가 말한 근성장과 수행능력도 그렇지만 정말 더 중요하게 느낀 건 따로 있었어요. 심신을 단단하게 만들기 위해 운동이 꼭 필요하다는 거요. 뭔가를 할 때 다른 외부 요인으로 쉽게 무너지지 않으려면 나의 심신이 단단해야 하니까요.

재테크 역시 나와의 싸움이기에 내가 중심을 잘 잡지 않으면 금방 무너졌죠. 건강한 마인드가 건강한 신체와 큰 관련이 있다는 걸 몸으로 알게 된 계기이기도 했어요. 운동을 열심히 하고, 깨끗하게 씻은 후 하루를 시작하는 사람들은 알 거예요. 가기 전까지는 조금 몸이 무거웠는데 운동을 마치고 씻는 순간 '오늘 하루를 정말 잘 살아내고 싶다'는 생각이 들거든요. 운동해서 힘이 빠지는 게 아니라 오히려 힘이 생겨요.

마인드가 약해질 때도 그래요. 운동하면 신기하게도 '그래, 난 할 수 있어!'로 마인드가 바뀌더라고요. 하는 일이 잘 안 풀릴 때도 운동으로 에너지를 많이 얻었어요. 힘든 걸 말로 털어놓지 못하는 성격 탓에 운동으로 많이 풀었는데, 회복에 큰 도움이 됐어요.

재테크하는데 헬스장 비용이 부담스럽지 않은지 질문하는 사람도 많은데요. 너무 가끔 가서 그렇게 생각될 수도 있어요. 1년에 30만 원인 헬스장에 다닌다고 가정했을 때 한 번을 가면 회당 3만 원이고, 100번을 가면 회당 3,000원인 거잖아요. 결국 내가 부지런해지기만 하면 그 돈 이상의 가치를 얻을 수 있는데, 비싸서 안 가는 건 너무 모순 아닐까요?

체력은 운동으로 길렀다면, 내면은 책으로 단단하게 하는 게 좋습니다. 추천했다고 재테크 분야만 계속 읽지 말고 인문학책이나 소설도 가끔 챙겨주세요. 운동과는 또 다른 의미로 일상에서 살아갈 힘을 얻게 되거든요.

어릴 때 박웅현 작가님의 《여덟 단어》를 읽었는데, 그 책에서 만난 몇 문장들을 여전히 계속 품고 지내요. 책 속에 "행불행은 조건이 아니다. 선택이다"라는 문장이 있어요. 행복으로 느낄 건지, 불행으로 느낄 건지는 결국 내가 선택하기 나름이라는 뜻이에요. 인문학책이나 소설을 읽다가 가끔 이렇게 인생을 지탱해 주는 교훈을 얻곤 해요. 너무 돈 이야기만 가득한 일상에서 나를 잃지 않도록 중심을 잘 잡을 수 있게 도와주는 역할을 했어요. 정신적으로 건강하게 생활하는 데 참 많은 도움이 되었답니다.

결국 우리의 심신이 건강해야 재테크 과정도 건강하

게 할 수 있다는 걸 잊지 마세요. 재테크 요요가 오지 않도록 잘 관리하길 바라면서, 제가 정말 좋아하는 글을 공유합니다.

인생의 정답을 찾지 마시길. 정답을 만들어가시길.
내일을 꿈꾸지 마시길. 충실한 오늘이 곧 내일이니.
남을 부러워 마시길. 그 많은 단점에도 불구하고 나는 나.
시류에 휩쓸리지 마시길. 당대는 흐르고 본질은 남는 것.
멘토를 맹신하지 마시길. 모든 멘토는 참고 사항일 뿐이니.
이 책의 모든 내용을 단지 하나의 의견으로 받아들이시길.
그리고 당신 마음속의 올바른 재판관과 상의하며
당신만의 인생을 또박또박 걸어가시길.
당신이란 유기체에 대한 존중을 절대 잃지 마시길.

– 박웅현,《여덟 단어》

연애 중에 재테크?

"연애해서 돈이 잘 안 모여요. 데이트할 때 돈은 어떻게 내야 할까요?"

구독자 중에 20, 30대 초반이 많다 보니 이런 질문이 참 많아요. 결론부터 말하면 연애하면서 돈 모으는 거 완전히 가능하답니다. 똑똑하게 연애하면 오히려 재테크에 도움도 되고요. 저는 돈을 처음 벌기 시작했을 때부터 지금까지 6년 넘게 만나는 남자친구가 있어요. 돈을 모을 때 연애는 어떻게 해야 하는지 고민인 사람들에게 도움이 될 부분이 있을 것 같으니 얘기해 볼게요. 저희는 그동안 싸운 적도 없고, 헤어진 기간도 없을 만큼 너무 잘 지내고 있는 커플이거든요. 우선, 데이트 비용은 반반씩 냈어요. 물론 조금 더 여유가 있는 사람이 그때그때 조금씩 더 내기도 했죠. "수입이 적은 사람과 반반씩 내면 좋은 곳은 잘 못 가는 거 아닌가요?"라고 묻는다면 맞아요. 상대방도 반반씩 낼 수 있는 수준의 데이트를 해야 하니까 어느 정도 한계가 있을 수밖에 없어요.

이 책을 읽는 여러분은 대부분 20대일 거예요. 사실 이 나이에는 여유 있는 사람을 만나기가 쉽지 않잖아요. 상대가 대학원에 다니는 등 공부를 더 오래 하는 사람일 수도 있고, 아직 취업 전인 사람도 있을 거고요. 서로가 아직 경제적으로 자리가 잡힌 상황이 아니고, 특히 사회초년생이라면 더욱 절약하며 데이트를 하는 게 좋을 것 같아요.

약간 아쉽지만 이런 방향을 추천하는 이유는 씀씀이가 한 번 커지면 다시 되돌리기 힘들기 때문이에요. 남자친구와 한 달에 한 번씩은 파인다이닝에 꼭 가야 하고, 프리미엄 영화관에서 영화를 보고, 호캉스도 주기적으로 가야 한다면 데이트 비용으로 돈 100만 원은 우습거든요. 나중에도 충분히 할 수 있는 건데, 단계적으로 하나씩 올라가면 더 좋지 않을까요? 프리미엄 영화관도 일반석, 커플석, 골드클래스, 템퍼시네마 이런 식으로 천천히요. 게다가 직접 경험해 보니까 많은 돈을 쓰지 않아도 '충분히' 행복한 데이트를 할 수 있더라고요.

"봄이 어디 있는지 짚신이 닳도록 돌아다녔건만,
정작 봄은 우리 집 매화나무 가지에 걸려 있었네."

이것도 제가 좋아하는 문장이에요. 행복은 비싼 데이
트에만 있지 않고, 연남동 공원 앞 벤치에 앉아서 신나게
걸어가는 사람들을 보며 캔맥주를 마시는 순간에도 있더
라고요. '돈 없어서 길바닥에서 캔맥주 따위나 마시고 짜
증 나네'라고 생각하면, 그 상황 속에서 느낄 수 있는 행복
을 다 막고 불쾌한 감정만 남았겠다는 생각이 들어요. 그렇
다고 문화생활을 아예 안 하지도 않은 게, 찾아보면 무료로
갈 수 있는 박람회나 전시회 관람권 등이 꽤 있어요. 그런
것도 야무지게 받아서 다녔던 것 같아요. 내 행복을 남이
정의하는 게 아니잖아요?

돈 모으며 연애할 때 챙기지 않는 게 하나 더 있는데
요. 그건 바로 기념일 선물이에요. 사실 6년이면 그 사이에
몇 주년, 몇백 일, 몇천 일 등 기념일이 되게 많았을 거잖아
요. 그런데 기념일에 단 한 번도 선물을 주고받은 적이 없
어요. 손편지는 항상 주고받았지만 따로 선물은 없었죠. 그
리고 그게 서로 서운하지 않았달까요.
대신 평소에는 돈을 아끼니까 기념일이 오면 특별한
추억을 만들었어요. 그럴 때 여행을 간다거나 평소에 가고

싶었던 레스토랑에 간다거나 하는 거죠. 기념일이 3~4개월에 한 번씩은 있으니까 이렇게 즐기면 좋더라고요. 선물은 선물대로 챙기면서, 추억은 추억대로 쌓으면 돈이 이중으로 나가니까요. 돈을 모을 때는 효율적인 선택을 하며 지낸 거 같아요.

더치페이에 대해서도 의견이 많은데, 내가 좋아하는 사람이니까 그 사람이랑 같이 좋은 쪽으로 성장하면 좋잖아요. 데이트 비용 낸다고 막 쓰고, 저축을 50%도 못하면 그게 더 싫을 것 같아요. '같이 돈 잘 모으자'로 똘똘 뭉쳐서 더치페이하고, 씀씀이가 커지지 않도록 주의하는 게 더 낫다고 생각해요. 상대에게 "나는 돈을 모으고 싶다. 그래서 데이트도 이런 식으로 하고 싶다"라고 진지하게 이야기하는 시간을 마련해 보세요. 똑똑한 상대라면 잘 따라와 줄 거예요. 이 시기에는 대화를 통해 서로의 방향을 맞춰 가는 게 중요해요. 서로 재테크를 해야겠다는 의지가 분명하고, 돈을 모으려는 방향성이 명확하니까 합리적으로 데이트를 할 수 있어서 오히려 좋았답니다.

기본적인 데이트 비용은 통제하되, 조금 더 여유 있는 사람이 센스 있게 추가비용을 내면 돼요. 기분 내고 싶을 때도 있고, 스테이크를 썰러 가고 싶은 날도 있기 마련이니까 그때는 여유 있는 사람이 조금 더 내서 가는 거죠.

게다가 이건 돈을 열심히 모으는 단계에 해당하는 이야기예요. 이런 삶이 끝없이 지속되는 건 아니잖아요. 열심히 모으면 적절한 금액에 도달할 테고, 습관도 잡힐 거예요. 그러면 그때부터는 조금씩 더 써도 괜찮아요. 지금은 기본적으로는 아끼되 먹고 싶은 게 있으면 딱히 개의치 않고 먹는 정도로 지내고 있어요. 저는 4년 정도 걸렸지만 여러분은 더 빨리 그렇게 될 거예요. 수없이 많은 제 실패담과 경험담을 모두 들었으니 열심히 해보세요.

지금부터 할 얘기는 재테크보다는 '건강한 연애'를 하는 방법에 관한 건데요. 저는 꼭 서로 통하는 취미를 여러 개 만들라고 말하고 싶어요. 정말 둘이서 '찐친'이 되도록, 둘이 있을 때 그 누구보다 재미있게 쿵작쿵작 놀 수 있게 만드는 거죠.

저는 계속 발전하고 싶은 사람이에요. 작년보다 올해의 내 모습이 더 나아졌으면 좋겠다는 생각을 늘 품고 살고 있고, 발전할 수 있는 것들을 제 삶 속에 많이 녹이려고 하고 있어요. 책을 계속 읽고, 재테크 공부도 하고, 운동도 하고 말이죠. 이제는 이 모든 걸 남자친구와 함께할 수 있게 됐어요. 지루하고 따분한 재테크 공부도 좋아하는 사람과 같이하니 즐거운 게 되더라고요.

저는 옛날부터 서점에 온종일 있는 걸 좋아하는 사람

이었어요. 연애하다가 한 번은 서점에 같이 가서 내내 책을 읽게 되었는데 의외로 좋아하더라고요. 그냥 무작정 데려가서 책을 읽히기보다는 책을 읽는 것, 재테크 공부를 하는 것에 대해 이게 왜 본인에게 필요한지, 나에게 어떤 변화가 생겼는지, 이걸 하면 삶이 어떻게 나아질 수 있는지를 잘 설명하고 이해시키면 따라오는 것 같아요. 제가 이 책에서 여러분에게 말하는 방식이기도 하고요. 강요보다는 이해를 통해 스스로 움직이게 만드는 게 오래 가는 방법이라고 생각해요.

'나는 재테크하니까 연애 안 해!' 이렇게 너무 극단적으로 생각하지 말아주세요. 곁에 소중한 사람이 있다면 '나는 연애하지만 이 친구랑 같이 재테크도 잘 해볼래' 하며 방법을 찾아나갔으면 좋겠어요. 곁에서 나를 열렬히 지지해 주는 사람이 있다는 것 자체가 큰 힘이기도 하니까요.

모든 걸 잘 해내고 싶은 당신을 위한 일정 관리

책을 처음부터 읽고 여기까지 왔다면 앞으로 해야 할 일이 정말 많다고 느낄 거예요. 뿌듯한 마음에 초치긴 싫지만, 이 책에 담은 건 정말 기본이라는 사실! 이것을 바탕으로 여러분만의 플러스가 생길 거예요. 추가로 하고 싶은 일, 더 알아봐야 하는 것 등 무수히 많겠죠. 사실 재테크를 한다는 거 자체가 '일반적인 삶보다 많이 더' 잘 살고 싶은 마음이 있는 거잖아요. 그러면 그만큼 노력도 따라줘야 한답니다.

이 내용을 쓰고 있는 지금, 저는 48시간째 깨어 있는 중이에요. 매주 토요일에는 유튜브 영상을 편집하느라 거의 항상 밤새고 있어요. 2018년부터 했으니까 4년째네요.

하루하루 정말 치열하게 살고 있어요. "너 지금 최선을 다하고 있니?" 하면 바로 "나는 정말 최선을 다하고 있어"라고 얘기할 수 있을 만큼 공백 없이 꽉 채워 살고 있지요. 그렇게 살아왔던 게, 결국 다 크고 작은 성과로 남았다고 생각해요.

보통 고3 때는 정말 치열하게 살잖아요. 하지만 대입보다 우리 인생이 더 중요한 거 아닐까요? 대입과 취업이라는 목표를 이룬 후에는 그냥 흘러가는 대로 살 게 아니라, 여러분이 원하는 인생 방향성에 맞는 퀘스트를 설정해 보세요. 내가 더 발전할 수 있도록 목표를 세우고, 그 목표를 계속해서 달성해 나가는 거죠.

'올해의 내가 이건 가능할까?' 하는 일을 목표로 세우고 미친 듯이 도전해 보세요. 그러다 보면 그 일을 해내는 순간이 오거든요. 그러면 '와, 이건 진짜 불가능하지!' 하는 일을 또 목표로 세우고 살아보는 거예요. 그렇게 노력하다 보면 진짜 불가능할 것 같은 일이 되어 있더라고요. 저에게는 유튜브가, 부동산 투자가, 책 출판이 그랬어요.

이 과정에서 가장 중요한 건 '오늘을 잘 사는 것'이에요. 오늘 하루를 잘 보내야, 그 하루를 기반으로 '더 나은 내일의 나'가 있는 거니까요. 오늘 하루를 잘 보낼 수 있는 일정 관리 방법을 소개해 볼게요. 가장 중요한 건 '목표 세우기'예요. 저는 항상 6개월 안에 이루고 싶은 큰 목표를 만들어서 살아요. 그 목표를 위해 1년을 열심히 살면 매년 2건의 큰 성과를 낼 수 있는 거죠. 사실 목표가 있으면 시간은 한정적이니까 관리할 수밖에 없어요.

공부하기, 직장 출퇴근하기 외에 다른 목표가 없으면 남은 시간을 효율적으로 쓰겠다는 생각 자체를 못 하게 되니까요. 6개월 안에 ○○○ 재테크 공부하기, 3개월 안에 이 책 한 권을 완벽하게 흡수하기, 6개월 안에 체질량 지수 몇 프로 만들기 등 각자만의 목표를 구체적으로 세워보세요. 준비물은 캘린더 앱 하나, 공책 하나만 있으면 돼요.

첫 번째, 스케줄 캘린더 앱(매월 말, 그리고 상시로)

저는 구글캘린더를 쓰는데 그냥 편한 걸로 쓰면 돼요. 여기에는 약속이나 일정, 해야 하는 일 등을 간단히 표기해요. 큰 목표가 있으면 그 목표를 위해 해야 하는 것들이 있을 거 잖아요? 그걸 생각해서 적어두는 거예요. 저는 월말에 다음 달 목표를 쭉 적어두고 있어요. 약속이나 일정이 생기면 그 외의 시간대로 잡는 거죠. 약속을 잡은 후에 해야 할 일을 적는 게 아니라, 이때까지는 이걸 해야 하니까 약속을 잡지 말아야겠다는 판단도 미리 해두는 거예요. 앱을 활용하는 이유는? 스마트폰은 항상 들고 다니니까! 추가 일정을 잡을 때도 캘린더를 보고 바로 답변할 수 있도록 말이에요.

두 번째, 감정 다이어리(매일 밤 5~10분 / 월간 캘린더)

이건 목표를 위해 한다기보다는 나를 돌보는 용도로 쓰는 다이어리입니다. 길게 가려면 나를 계속 돌봐야 하거든요. 주로 오늘 하루 어떻게 살았는지를 적고, 뭔가 특별한 감정을 느꼈다면 그 감정을 같이 적어둬요. 잘 정리되지 않은 감정도 글로 적으면서 가라앉기도 하고, 너무 감정적인 포인트에서 빠져나올 때도 도움이 되더라고요. 감정을 잘 컨트롤하는 것도 목표를 이루는 데 필요한 요소니까요.

세 번째, 업무 다이어리(매일 밤 5~10분 / 월간 캘린더)

업무 다이어리에는 말 그대로 내가 한 일을 써요. 무슨 무슨 일을 했다거나 어떤 생산적인 활동을 했는지를 적는 거예요. 직장인이라면 회사일은 회사에서 적으니까 그거보다는 '우리가 따로 세운 목표를 위해' 어떤 행위를 했는지를 적어요. 운동처럼 시간을 내서 가는 것도 오늘 운동을 얼마나 했는지를 적으면 돼요. 매일 밤 업무 다이어리에 쓸 게 없다? 그럼 반성해야죠. '와, 나 오늘 생산적인 일을 못 했네. 내일은 진짜 열심히 살아봐야지' 이렇게요. 그 칸을 꽉 채운 날에는 '와, 나 오늘 진짜 잘했다. 멋있네!' 이렇게 칭찬도 하고! 나와의 솔직한 대화시간이라고 생각하면 됩니다.

두 번째, 세 번째는 앱이나 컴퓨터가 아니라 펜을 손에 들고 노트에 하는 걸 추천할게요. 기분이야 좀 나아지겠지만 그거 적는다고 딱히 큰 변화는 없을 것 같은가요? 맞아요. 진짜 중요한 건 '이 행위를 하는 시간' 자체예요. 앞에서도 말했지만 저는 정말 바쁘게 살아요. 일정을 꽉 짜서 생활하느라 이런저런 생각을 할 틈이 없지요. 그래서 다이어리를 쓰면서 생각하는 시간을 일부러 만든 거예요. 목표를 이루기 위한 시간이 아니라 나의 일상과 일에 대한 '생각'을 하는 시간이요. 같은 생각을 지나치게 하면 독이 되지만, 매일 10분씩 꾸준하게 하면 도움이 되더라고요.

저는 이게 결국 목표를 '잘' 이뤄내는 사람과 그렇지 못한 사람의 한 끗 차이라고 봐요. 열심히 산다고 원하는 목적지에 도달하는 게 아니니까요. 목적지는 따로 있는데, 다른 방향으로 미친 듯이 달리면 무슨 소용이 있겠어요. 그런데 이 시간이 내가 잘 가고 있는지, 마음이 너무 힘들진 않은지, 이게 정말 내가 원하는 방향인지 등을 생각해 볼수 있게 하더라고요.

'나는 오늘 나의 일상과 일에 대해 생각할 테다'라고 작정하는 게 아니라, 의식하지 않아도 자연스럽게 되는 게 포인트예요. 다이어리를 적으려면 오늘 뭘 하면서 살았는지, 어떤 일을 했는지 등 나의 하루를 돌아봐야 해요. 돌아보는 이 잠깐의 과정을 통해 좋은 인사이트를 얻게 될 거예요. 생각은 하는데 실천을 못 하는 사람들이 참 많잖아요. 실천하더라도 올바른 방향으로 꾸준히 쭉 나아가는 사람은 더 적고요. 다이어리를 쓰는 과정은 올바른 방향인지를 늘 생각하게 하고, 모자란 부분을 보완해 바로 다음 날 행동하게 만들어요. 그걸 매일 반복하니 성장할 수밖에 없는 환경이 되더라고요.

계획을 세우는 법은 아주 간단해요. 캘린더에 뭘 해야 할지 적어놨으니, 그다음 날에는 그걸 해내면 돼요. 저는 오늘을 열심히 못 살았다거나 다음 날 일정이 바쁠 때는 전날 밤에 분 단위로 촘촘하게 계획을 짜는 편이에요. '아침에 일어나서 뭘 먹고, 몇 시에 이동해서 뭘 한다' 이런 거요. 팁 하나를 주자면 저는 무조건 놀 계획도 같이 세워요. 바쁘지만 일상 속 소소한 행복도 꼭 챙기는 거죠. 하루를 통으로 비우지 않는 대신 중간중간 사소한 행복을 넣어둬요. 정말 맛있는 맛집에서 밥을 먹는다거나 좋아하는 프로그램을 볼 시간 정도는 꼭 따로 챙겨두는 거죠. 저는 잘 살고 싶은 거지 일만 하면서 살고 싶은 사람은 아니니까요.

계획을 짤 때는 열정이 샘솟아서 '아니, 하루에 2시간이나 쉰다고?' 하며 쉬는 시간이 부담스럽게 느껴질 수 있는데요. 괜찮아요. 이런 계획 없이 살 때는 알게 모르게 버려지는 시간이 더 많았을 거잖아요. 뭐든 급하게 서두르면 요요가 올 수 있다는 사실을 기억하세요.

혹시 방법이 거창하지 않아서 실망했나요? 거창하면 오래 하지 못해요. 진짜 오래 할 수 있는 건 가장 간단한 거더라고요. 매일 밤 5~10분씩 딱 1년만 투자해 보세요. 달라진 본인의 모습을 마주하게 될 거라고 확언할 수 있어요.

노력보다 중요한 이것!

열심히 살아야 한다, 계획을 세워야 한다는 말만 계속하다 보니 중요한 걸 빼놓았네요. 사실 노력보다 더 중요한 게 있거든요. 열심히는 하는데 성과가 안 나는 사람들은 '노력의 함정'에 빠져 있을 확률이 높아요. 고백하자면 저 역시 그랬어요.

내 노력만으로 목표를 이뤄나가는 것, 편한 만큼 무섭기도 해요. 성인이 된 이후 문득 돌아보니 주변 잔소리가 사라졌더라고요. 어릴 때는 뭐 학교에서도 혼나고, 집에서도 혼나고 그러잖아요. 언제부턴가 들었을 때 속상할 만한 이야기는 아예 들리지 않았어요. 분명 내 주변에서 보면서 느끼는 게 있을 테고, 한마디 할 법도 한데 말이에요. 재밌는 건 생각해 보니까 저 역시 그러고 있다는 거예요. 주변 지인들이나 일로 만난 사람들에게 속으론 할 말이 많아요. '일을 왜 그렇게 해?' '왜 그렇게 자랑이 심하지?' '받는 걸 왜 당연하게 생각할까?' 이런 생각을 하면서도 그걸 굳이 밖으로 내뱉지 않게 됐어요.

진심으로 잘 됐으면 하는 생각으로 이야기해도 기분 나쁘게 받는 사람이 있으니까요. "그거 누가 해봤는데 잘 안된다던데? 성공한 걔는 운이 좋았던 거야"라고 받아치면 진이 빠지면서 점점 입을 다물게 되곤 해요. 그냥 입 다물고 있으면 나한테 나쁠 게 없는데, 괜히 그런 말을 해줬다가 관계만 틀어질 수 있죠. 그러다 보니 서로 듣기 좋은 말만 하면서 살게 되는 것 같아요.

근데 이게 진짜 무서운 거거든요. 이런저런 부분에서 모자란 게 있기 마련이잖아요. 듣기 좋은 말만 하다 보니 문제가 있는 부분을 명확하게 자각할 수 없고, 바로잡을 기회조차 없는 거죠. 그렇다고 쓴소리만 찾아다닐 수도 없고요. 현실이 이러니까 내가 나를 객관화해서 바라보는 연습을 진짜 많이 해야 한다는 걸 느꼈어요.

문제는 그게 잘 안된다는 거예요. 처음엔 꽤 힘들었어요. 사람이란 게 내가 모자란 건 인정하고 싶지 않잖아요. 저도 부족한 점을 굳이 찾아내고 싶지 않았어요. 마음 깊은 곳에선 알고 있으면서도 부족함을 인정하고 받아들이는 게 쉽지 않더라고요.

여기서 주의해야 할 건 "여러분의 모자란 점을 다 찾아내세요!"라고 얘기하는 게 아니라는 거예요. 내가 목표로 하는 어떤 과정에 중간중간 셀프 챌린지가 있어야 한다는 게 포인트예요. 노력하는데 결과가 좋지 않았던 적이 있다면 지금부터 말하는 과정을 거쳤는지 확인해 보세요. 운동으로 예를 들어볼게요. 저도 운동을 좋아해서 참 열심히 하는데 수시로 자세를 촬영하고, 확인하면서 바로잡고, 새로운 걸 배우려고 노력해요. 이런 과정이 없으면 헬스장에서 잘못된 자세로 계속하고 있을 수도 있어요. 내가 맞는지 아닌지 주변에서 이야기를 안 해주니까요.

나를 깎아내리라는 게 아니라 뭐가 부족한지를 깨닫고 그걸 채우라는 거예요. 계속 겸손하게 배우는 자세로 사는 건 참 중요하죠. 열심히 하루하루 걷고 있는데, 노력의 함정에 빠져서 주변을 아예 차단한 채 걷고 있는 건 아닌지 확인해야 해요. 주변과 변화하는 세상을 보면서 내 위치를 명확히 하는 게 중요하다 싶어요.

만약 지금 하는 무엇인가가 잘 안된다면 잠시 멈추고 주변을 보세요. 이미 잘하고 있는 사람들이랑 내가 뭐가 다른지, 정말 개선해야 할 점은 없는지 열린 마음으로 배울

점을 찾아봤으면 좋겠어요. 여러분이 목표로 한 무언가에 도달해 있는 사람은 그 뒤에서 수많은 고민의 시간과 배우고자 하는 의지가 있었다는 걸 항상 기억하길 바랄게요. 열린 마음으로 주변을 잘 살피고 배우면서 간다면 분명 여러분의 다음은 달라질 거예요.

나만의 정답을 만들자

정답을 알려주고 싶지 않았습니다. '식비는 매월 얼마씩 지출하세요' '주식 투자는 요즘 어떤 종목이 좋더군요' 같은 거요. 문제집을 풀 때 스스로 고민하지 않고 답안지를 흘끔흘끔 보며 푼 사람은 다른 문제집도 답안지가 없으면 풀지 못하잖아요. 어떤 문제가 오든 스스로 답을 구할 방법을 전하고 싶었어요.

'인생에 정답은 없다. 나만의 정답을 만들며 살자'라는 말을 참 좋아해요. 이 방향을 가고자 하는 사람들에게 답안지가 아니라 하나의 좋은 의견이 됐으면 해요. 대신 하나 꼭 강조하고 싶은 내용은 앞으로도 재테크와 관련된 여러 책을 읽어보자는 거예요. 이 책 내용 중에 다른 책들도 소개하고, 독서의 중요성을 언급한 거 기억하죠? 한 권의 책만 읽은 사람이 가장 무섭다는 말도 있잖아요. 이 책을 시작으로 다양한 선배들의 이야기를 참고하며, 여러분이 살도 붙이고 변형도 해가며 즐거운 재테크를 해 나가길 바라요.

그동안 유튜브를 하면서 소위 성공했다는 사람들을 직장인 시절보다 더 많이 만날 기회가 있었어요. 활동적인 성향의 사람도 있었고, 내성적인 성향도 있었어요. 아침에 일찍 일어나는 사람도 있었고, 밤낮이 바뀐 사람도 있었죠. 그런데 공통적이라고 느낀 한 가지가 있었는데요. 바로 '실행력'이었어요.

뭔가를 해보라고 했을 때의 실행력이 아예 달랐어요. 안 된다는 이야기만 늘어놓으며 실행하지 않는 사람들을 많이 봤었는데, 그들은 제안하면 바로 실행해서 제게 알려 주더라고요. 그런 모습을 보며 괜히 성공하는 게 아니라고 생각하게 되었어요. 핑계 대지 않고 부족하더라도 일단 실행부터 해보는 자세가 멋있더군요.

이 말을 하는 이유는 실행을 두려워하지 않았으면 해서예요. 완벽한 상태에서 실행하지 않아도 되는 게 젊은 우리의 장점 아닐까요? 당연히 부족할 수밖에 없는 이 '나이'를 영리하게 활용해서 많이 시도하고, 그 과정에서 배워야 할 때라고 생각해요. 많이 넘어지며 배웠던 것들이 훗날 큰

밑거름이 되어줄 거니까요.

이제 이 책을 통해 얻은 팁을 본격적으로 적용해서 다른 삶을 살지, 아니면 다시 평소와 같은 일상으로 돌아갈지는 온전히 여러분의 실행력에 달렸어요. 지금까지 말한 재테크 과정은 단순히 '많은 돈'만을 위한 게 아니었어요. 나에게 집중하며 나만의 행복을 찾을 수 있는 재테크 방법을 전했기 때문에 젊을 때 더욱 필요해요.

1억을 목표로 돈을 다 모아갈 즈음이 되면 2억 모은 사람이 보여요. 목표가 숫자인 사람이 특히 이럴 수 있어요. 분명히 1억이면 될 것 같았는데, 2억 모은 사람을 보면 내가 모은 1억으로는 만족이 안 될 거예요. 그저 2억을 빨리 모으고 싶어서 조급해지죠. 그렇게 꿈꿔왔던 1억을 모았는데도 말이에요. 그럼 다시 2억을 모으면 만족할까요? 당연히 계속 조급한 상태가 이어져요. 더 많은 돈을 가진 사람은 앞으로도 쭉 있을 거니까요.

계속 '나만의 행복'을 강조한 이유가 이것이었어요. 남에게 초점을 맞추며 지내면 순간순간 충분히 느낄 수 있는 행복도 그냥 지나치게 돼요. 행복해지려고 시작한 재테크였는데, 오히려 행복과는 멀어지게 되는 거죠. 어떻게 접근하는지에 따라 재테크는 자신에게 조급함을 안겨줄 수도, 작은 행복들을 안겨줄 수도 있어요. 실제로 저는 행복함을 많이 느끼며 재테크를 했기 때문에 이걸 많은 사람과 함께하고 싶어요.

책을 읽으며 크고 작은 결심을 했을 텐데, 그 결심을 꼭 실행으로 옮겨보세요. 남들에게는 실제 내 모습보다 더 멋스럽게 포장해 보여줄 수 있어요. 그렇지만 나 자신은 내가 제일 잘 알잖아요. 나 자신에게 부끄럽지 않아야 겉으로도 긍정적인 자존감을 내뿜으며 지낼 수 있는 것 같아요. 자신에게 부끄럽지 않을 수 있는 건 결국 자신과 한 사소한 약속을 매일 지켜내는 거예요. 이제 책을 덮고, 자신과의 약속을 세우고 지키러 가보기로 해요!

Thanks to ——————— 뽕아리 서포터즈

강유진	김범태	김소리	김소연	김예림
김지윤	김진수	신지은	신효지	안수빈
예서연	오민지	윤경은	이리재	이수빈
이연주	이유정	임세진	임유정	홍보미

돈은 _____ 재테크는 겁나는
좋지만 너에게

2023년 2월 15일 초판 1쇄 발행
2024년 10월 9일 초판 13쇄 발행

지은이 | 뿡글이
펴낸이 | 이종춘
펴낸곳 | (주)첨단

주소 | 서울시 마포구 양화로 127 (서교동) 첨단빌딩 3층
전화 | 02-338-9151
팩스 | 02-338-9155
인터넷 홈페이지 | www.goldenowl.co.kr
출판등록 | 2000년 2월 15일 제2000-000035호

본부장 | 홍종훈
편집 | 문다해
교정 | 주경숙
디자인 | 섬세한곰, 조수빈
일러스트 | 이이오
홍보 | 윤혜인, 신수빈
전략마케팅 | 구본철, 차정욱, 오영일, 나진호, 강호묵
제작 | 김유석
경영지원 | 이금선, 최미숙

ISBN 978-89-6030-613-4 03320

- **BM** 황금부엉이는 (주)첨단의 단행본 출판 브랜드입니다.

- 이 책은 뿡아리 서포터즈의 이수빈 님께 제목을, 예서연 님께 카피 아이디어를 제안받았습니다.
- 값은 뒤표지에 있습니다. 잘못된 책은 구입하신 서점에서 바꾸어 드립니다.

황금부엉이에서 출간하고 싶은 원고가 있으신가요? 생각해보신 책의 제목(가제), 내용에 대한 소개, 간단한 자기소개, 연락처를 book@goldenowl.co.kr 메일로 보내주세요. 집필하신 원고가 있다면 원고의 일부 또는 전체를 함께 보내주시면 더욱 좋습니다. 책의 집필이 아닌 기획안을 제안해주셔도 좋습니다. 보내주신 분이 저 자신이라는 마음으로 정성을 다해 검토하겠습니다.